D1720006

Laura Josan

Human Resources-Outsourcing in Deutschland

Eine aktuelle Untersuchung des Marktes

Diplomica® Verlag GmbH

Josan, Laura: Human Resources-Outsourcing in Deutschland: Eine aktuelle Untersuchung des Marktes. Hamburg, Diplomica Verlag GmbH 2013

ISBN: 978-3-8428-8879-1
Druck: Diplomica® Verlag GmbH, Hamburg, 2013

Bibliografische Information der Deutschen Nationalbibliothek:
Die Deutsche Nationalbibliothek verzeichnet diese Publikation in der Deutschen
Nationalbibliografie; detaillierte bibliografische Daten sind im Internet über
http://dnb.d-nb.de abrufbar.

Die digitale Ausgabe (eBook-Ausgabe) dieses Titels trägt die ISBN 978-3-8428-3879-6 und
kann über den Handel oder den Verlag bezogen werden.

Danksagung

Leider lässt sich eine wahrhafte Dankbarkeit

mit Worten nicht ausdrücken.

Ich danke allen lieben Menschen, die mich in dieser Zeit sowohl seelisch unterstützt haben, als mir auch aktiv behilflich waren. Dabei sind insbesondere Lena, Alex und Julia zu erwähnen! Danke für die viele Zeit, die ihr euch für die Korrektur dieses Werkes genommen habt und vor allem für die Geduld, die ihr mit mir hattet. Vielen lieben Dank auch an meine Eltern und an meine liebe Schwester Raluca für die Unterstützung.
Mein ganz besonderer Dank gilt einem ganz besonderen Menschen: Danke lieber Marco für die Kraft, die du mir in dieser Zeit gegeben hast, die Liebe und den Glauben an mich!

Inhaltsverzeichnis

Abbildungsverzeichnis

Tabellenverzeichnis

Abkürzungsverzeichnis

AG	Aktiengesellschaft
ASP	Application Service Providing
BDSG	Bundesdatenschutzgesetz
BGB	Bürgerliches Gesetzbuch
BPO	Business Process Outsourcing
DGFP	Deutsche Gesellschaft für Personalführung
e.G.	eingetragene Genossenschaft
ESS	Employee Self Service
GmbH	Gesellschaft mit beschränkter Haftung
HR	Human Resources
HRO	Human Resources Outsourcing
MSS	Management Self-Service
RPO	Recruitment Process Outsourcing
SaaS	Software as a Service
SLA	Service Level Agreement
SSC	Shared Service Center

1 Einleitung

1.1 Ausgangslage

Seit mehreren Jahren lässt sich ein grundlegendes Paradoxon im Bereich Human Resources beobachten: Das HR-Management ist für Unternehmen immer wichtiger geworden u. a. aufgrund der Globalisierung und der demographischen Entwicklungen, trotzdem verliert der HR-Bereich in den Unternehmen kontinuierlich an Bedeutung. Das erkennt man an den immer wiederkehrenden Diskussionen über die Notwendigkeit des stetigen Wandels und Lernens in der Unternehmensorganisation, sowie in der Feststellung, dass Mitarbeiter die wichtigste Ressource im Unternehmen darstellen. Aber aufgrund eines starken Trends zur Dezentralisierung der Personalarbeit in der Praxis, wird ein großer Teil der ursprünglichen Aufgaben der HR-Abteilung vor Ort von Linienmanagern als Personalverantwortliche übernommen, die durch ihre Stellung als dezentrale Führungskräfte ihre lediglich ihre eigene Ideologie von Personalarbeit verwirklichen. Hinzu kommt, dass durch den fortschreitenden Wandel in der Unternehmensumwelt, die Ansprüche und Erwartungen an das Personalmanagement gestiegen sind. Zunehmend spezielle Einzelproblemlösungen sind gefragt. Die Unternehmensführung muss analysieren wie eine kostengünstigere Gestaltung der Personalarbeit realisiert werden kann, ohne dabei Qualitätseinbußen hinnehmen zu müssen. In diesem Zusammenhang stellt das Outsourcing eine mögliche Strategie für die Unternehmung dar.[1]

Das Thema HR-Outsourcing hat in der Praxis seit den letzten Jahren erheblich an Bedeutung gewonnen.[2] Mittlerweile hat sich die ursprünglich aus den USA stammende Idee zum Outsourcing bis nach Europa und Asien verbreitet.[3] Die aktuelle Relevanz des HR-Outsourcings lässt sich darauf zurückführen, dass durch die Auslagerung von meist administrativen Personalfunktionen, neue Herausforderungen des Personalmanagements erfüllt werden können, wie z. B. Flexibilisierung, Kostenorientierung, Unternehmenswertsteigerung und individuelle Kundenorientierung.[4] Outsourcing wird genutzt um ertragsschwache Unternehmensteile aus dem eigenen Unternehmen zu eliminieren und bürokratischen Aufwand zu verringern, um so Freiräume für die Konzentration auf die eigenen Kernkompetenzen zu schaffen.[5] In den USA wird das HR-Outsourcing bereits als Schlüsselfunktion des HR-Bereichs angesehen.[6] In Deutschland reagieren jedoch noch viele Unternehmen sehr zurückhaltend auf HR-Outsourcing-Angebote.[7]

---

1 Vgl. Schweizer/zu Knyphausen-Aufseß et al. (2005), S. 25ff.
2 . Vgl. Studie EDS in Zusammenarbeit mit PAC (2006), S. 10ff.
3 Vgl. Hermes/Schwarz (2005), S. 94.
4 Vgl. Meckl/Eigler (1998), S. 27; Meckl (1999), S. 9.
5 Vgl. Schweizer/zu Knypenhausen-Aufseß et al. (2005), S. 26f.
6 Vgl. Adler (2003), S. 53.
7 Vgl. Studie EDS in Zusammenarbeit mit PAC (2006), S. 16.

Ziel dieser Studie ist es, einen Überblick über die derzeitige Situation auf dem HR-Outsourcing-Markt in Deutschland zu geben. Untersucht werden die aktuelle Entwicklung des HR-Outsourcing-Marktes, sowie die Bereitschaft der Unternehmen zum Outsourcing von Personalfunktionen. Ebenso wird herausgearbeitet, welche HR-Funktionen und -Aufgaben generell für ein Outsourcing geeignet sind und welche aufgrund ihrer strategischen Bedeutung nicht für eine Auslagerung in Frage kommen. Darüber hinaus beschäftigt sich die vorliegende Studie mit den Angeboten von HR-Outsourcing-Dienstleistern, die seit der jüngsten Vergangenheit ein wachsendes Leistungsportfolio am Markt anbieten können und dadurch ihren Kundenkreis stetig erweitern. Wie bereits erwähnt herrscht von Seiten der Unternehmen in Deutschland weiterhin große Skepsis gegenüber dem HR-Outsourcing, im Verlauf dieser Studie werden die Gründe dafür untersucht und erläutert. Der Fokus dieser Studie liegt dabei speziell auf den gegenwärtigen Entwicklungen am Markt: dem Outsourcing ganzer HR-Prozesse, dem sogenannten *Human Resources-Business Process Outsourcing* (im Folgenden abgekürzt als HR-BPO).

1.2 Aufbau der Studie

Die vorliegende Studie gliedert sich in fünf Kapitel. Das erste Kapitel beschreibt die Ausgangslage und den Aufbau der Studie.

Im zweiten Kapitel werden die Grundlagen des HR-Outsourcings dargelegt und eine kurze Einführung in das Thema HR-Outsourcing gegeben. Neben der Begriffsdefinition und der Kernidee, werden die Besonderheiten des HR-Outsourcings erläutert, sowie die unterschiedlichen Erscheinungsformen. Das Hauptaugenmerk liegt dabei auf der speziellen Outsourcing-Form, dem HR-BPO.

Im Anschluss an das zweite Kapitel in dem die Grundlagen des HR-Outsourcings erläutert werden, werden im dritten Kapitel zunächst die allgemeinen Entwicklungen im Personalmanagement dargestellt und danach anhand des Rollenmodells von Dave Ulrich die unterschiedlichen Rollen der HR-Abteilung aufgezeigt. Zudem wird die organisatorische Einordnung des HR-Bereichs im Unternehmen beschrieben. Diese theoretischen Erkenntnisse werden dann mit der Praxis abgeglichen. Dabei wird insbesondere die Wahrnehmung des HR-Bereichs in der Praxis analysiert sowie unterschiedliche Unternehmensfaktoren benannt, die Auswirkungen auf die Größe und die Bedeutung des Personalmanagements im Unternehmen haben. Durch die Analyse der Position der Personalabteilung im Unternehmen können die Prioritäten und Trends des HR-Bereichs klar umrissen werden, so dass anschließend die Auseinandersetzung mit der Kernfrage erfolgen kann, nämlich welche Personalfunktionen sich generell für ein Outsourcing eignen würden und welche besser durch das Unternehmen selbst erfüllt werden sollten.

Inwieweit sich das HR-Outsourcing, insbesondere das HR-BPO, bereits auf dem Markt behaupten kann, wird im vierten Kapitel geklärt. Nachdem die aktuellen Entwicklungen auf dem internationalen und nationalen HR-BPO-Markt erläutert wurden, wird ein Überblick über die namhaften HR-BPO-Anbieter auf dem weltweiten und speziell auf dem deutschen Markt gegeben. Um eine bessere Gliederung der zahlreichen Anbieter am Markt zu ermöglichen, werden die verschiedenen Dienstleister daraufhin nach ihrer Bereichsspezifischen Herkunft eingeteilt, um so die Wurzeln der jeweiligen Unternehmen aufzeigen zu können. Im Anschluss wird das HR-Outsourcing aus Sicht der Nachfrager und der HR-BPO-Dienstleister näher betrachtet. Zunächst werden die Treiber benannt, die die Unternehmen dazu veranlassen Personalfunktionen an externe

Dienstleister auszulagern. Danach werden Angebot und Nachfrage nach HR-Dienstleistungen genauer betrachtet und anschließend die aktuellen Trends im HR-Outsourcing skizziert. Zuletzt erfolgt dann eine allgemeine Bewertung des BPO anhand einer Gegenüberstellung der Chancen und Risiken. Die Beleuchtung des *Shared Service Center* als Alternative zum *Business Process Outsourcing* schließt dieses Kapitel ab.

Im fünften Kapitel sind die wesentlichen Erkenntnisse dieser Studie zusammengefasst. Darüber hinaus wagt die Autorin eine persönliche Einschätzung der zukünftigen Entwicklungen auf dem deutschen HR-BPO-Markt.

2 Grundlagen

2.1 Begriff und Grundlagen des HR-Outsourcings

Der Begriff Outsourcing ist in der Theorie und in der Praxis bereits weit verbreitet und ist mittlerweile ein fester Bestandteil des wirtschaftlichen Sprachgebrauchs. Da die Unternehmen besonders im Bereich der Datenverarbeitung über unzureichendes Know-how und fehlende Ressourcen klagten, liegen hier die Wurzeln des Outsourcings. Das IT-Outsourcing gilt daher gemeinhin als Vorreiter des Outsourcings. Als weitere Pioniere der Outsourcing-Bewegung sind auch die Bereiche Catering, Gebäudereinigung und Logistik zu nennen. Erst seit Kurzem ist auch der Personalbereich ein Thema der Outsourcing-Überlegungen geworden und erhält sowohl aus der Praxis, als auch aus der Forschung, zunehmend Aufmerksamkeit.[8]

Über die Etymologie des Begriffes *Outsourcing* ist sich die Fachliteratur weitestgehend einig. Dort versteht man Outsourcing als einen Neologismus, der sich aus den englischen Begriffen out<u>side</u>, re<u>source</u> und us<u>ing</u> zusammensetzt. Ganz allgemein wird damit die Nutzung externer Ressourcen bezeichnet. Erwähnenswert ist, dass lediglich Funktionen oder Leistungen ausgelagert werden können, die bisher unternehmensintern erfüllt bzw. erbracht wurden.[9] Outsourcing bietet somit eine Möglichkeit zur Optimierung der Unternehmensprozesse bzw. -funktionen. Ziel der Kooperation zwischen dem auslagernden Betrieb und dem Outsourcing-Dienstleister, ist das Anstreben einer langfristigen Aufgabenteilung zwischen beiden Unternehmen.[10]

Speziell das Outsourcing von personalwirtschaftlichen Leistungen (HR-Outsourcing) definieren Tremblay et al. folgendermaßen:

> We define human resources outsourcing as the contracting out of part or whole HR activities to an outside supplier, in opposition to internal procurement whereas the activity is performed by the employees of the organization.[11]

Meckl hat die Abgrenzung des HR-Outsourcings wie folgt definiert:

> Unter Outsourcing im Personalbereich versteht man die Auslagerung personalwirtschaftlicher Leistungen aus den Unternehmen und deren Fremdbezug von Dritten.[12]

Die Kernidee des Outsourcings liegt in der Verkürzung der Wertschöpfungskette bzw. Leistungstiefe eines Unternehmens. Dabei ist zu untersuchen, ob betriebliche Aufgaben, Funktionen oder Prozesse, aus strategischer Sicht dem Kerngeschäft eines Unternehmens zugeordnet werden können oder nicht. Wenn die Aufgaben oder Prozesse zum Kerngeschäft gehören, sollten sie intern behalten und durchgeführt werden. Diejenigen Funktionen die nicht zum Kerngeschäft eines Unternehmens beitragen, können

---

8   Vgl. Matiaske/Mellewigt (2002), S. 642; Alewell/Bähring/Canis/Hauff/Thommes (2008), S. 347.

9   Vgl. Hermes/Schwarz (2005), S. 15; Bruch (1998), S. 17.

10 Vgl. Horchler (1996)

11 Vgl. Tremblay et al. (2006), S. 151.

12 Vgl. Meckl (1999), S. 11. Meckl/Eigler (1998), S. 100.

an externe Dienstleister weitergegeben werden. Aufgrund des Einbezugs qualifizierter und spezialisierter Dienstleister lassen sich die Gemeinkosten des Unternehmens oft reduzieren. Des Weiteren sollen durch die Konzentration auf das Kerngeschäft Kosten gesenkt werden, wodurch es zu einer Verbesserung der Marktposition des Unternehmens kommen würde.[13]

2.2 Erscheinungsformen des Outsourcing im HR-Bereich

Im HR-Outsourcing können drei Formen des Outsourcings voneinander abgegrenzt werden, die sich im Umfang der ausgelagerten Leistungen voneinander unterscheiden lassen: Die Fremdvergabe einzelner Aufgaben (*Outtasking*), die Auslagerung ganzer Prozesse (*Business Process Outsourcing*) und das Outsourcing des kompletten Personalbereiches (*Total Outsourcing*).[14]

Die niedrigste Stufe der Auslagerung und somit die Form des Outsourcings mit dem geringsten Umfang, ist das ***Outtasking***: Es umfasst die Fremdvergabe personalwirtschaftlicher Einzelaufgaben, sogenannter Tasks, z. B. die Auslagerung der Bewerbervorauswahl durch die Inanspruchnahme eines externen Assessment Centers, oder auch das Erfassen von Stellenanzeigen unter Zuhilfenahme externer Dienstleister. Bei dieser Form der Auslagerung handelt es sich um eine sehr geringe Stufe der Wertschöpfungstiefe und so die meisten Unternehmen haben bereits Erfahrungen im Outtasking gemacht. Die Entlohnung des Anbieters erfolgt ausschließlich für die Erledigung der Einzelleistung.[15]

Als Königsklasse des Outsourcings wird das sogenannte ***Business Process Outsourcing (BPO)*** bezeichnet. Bei dieser Art der Auslagerung werden ganze Prozesse der Personalabteilung an externe Anbieter übergeben. Dies ist mit großen Erwartungshaltungen an die BPO-Dienstleister verbunden.[16] Meist handelt es sich bei dieser Form der Fremdvergabe um HR-Prozesse, die weder geschäftskritisch sind, noch als Kernprozesse des Unternehmens gelten. Sie tragen jedoch entscheidend zur gesamten Wertschöpfung des Unternehmens bei.[17] Was vom Unternehmen als Nebensächlichkeit angesehen und deswegen ausgelagert wird, bildet die Kernkompetenz für den externen Anbieter, also sein Kerngeschäft. Die Leistungserbringung des BPO-Dienstleisters wird nach bestimmten Kriterien, im gemeinsamen Einvernehmen mit dem auslagernden Unternehmen, definiert. Der Anbieter trägt die Kontrolle über die Prozesssteuerung, das auslagernde Unternehmen wiederum kontrolliert aus Eigeninteresse, ob die vorher vereinbarten Kriterien (Service Levels) durch den Dienstleister auch tatsächlich eingehalten werden.[18] Als eine weitere Erscheinungsform des BPO wird auch das Konzept des ***Shared Service Center (SSC)*** angesehen. Häufig entscheiden sich Unternehmen gegen die Auslagerung von Geschäftsprozessen und errichten stattdessen eine interne

---

13 Vgl.   Gabler   Wirtschaftslexikon   „Outsourcing"   online   abgefragt: http://wirtschaftslexikon.gabler.de/Definition/outsourcing.html   (Stand: 07.03.2012);   Hodel/Berger/Risi (2004), S. 2;

14 Vgl. Meckl (1999), S. 12.

15 Vgl. Hermes/Schwarz (2005), S. 30; Meckl (1999), S. 12f.

16 Vgl. Meckl (1999), S. 13.

17 Vgl. Köhler-Frost/Bahrs (2000), S. 68.

18 Vgl. Kett/Skötsch/Weber (2005), S. 9.

Dienstleistungsorganisation, das sogenannte *Shared Service Center*. Dabei werden die vorher intern erbrachten Prozesse gebündelt und später ausgegliedert. Im *Shared Service Center* werden sie dann optimiert und als standardisierte Geschäftsprozesse dem gesamten Konzern zur Verfügung gestellt.[19] Im Hauptteil der Arbeit werden die Gemeinsamkeiten und Unterschiede des SSC und BPO, sowie die Vorteile des BPO gegenüber dem SSC, genauer definiert.

Im Gegensatz zum Outtasking, bei dem lediglich personalwirtschaftliche Einzelaktivitäten an externe Dienstleister übergeben werden, haben Unternehmen auch die Möglichkeit, den kompletten Personalbereich an *Full-Service-Anbieter* zu vergeben. Das **Total Outsourcing**, das auch als strategisches Outsourcing bezeichnet wird, ist die extremste Form der Auslagerung im Personalbereich. Durch die Externalisierung der internen Personalabteilung, verwandelt sich der Full-Service-Dienstleister zur externen Personalabteilung des auslagernden Unternehmens.[20]

2.3 Besonderheiten des HR-Outsourcings

Bei der Übertragung von Aufgaben und Strukturen des Unternehmens an externe Dienstleister müssen rechtliche Implikationen von Anfang an mit berücksichtigt werden, da Einsparungen sonst nicht im gewünschten Maße realisiert werden können. Vor allem aus der arbeitsrechtlichen Perspektive können sich bei einer Auslagerung viele Probleme und Besonderheiten ergeben, z. B. durch mögliche Betriebsübergänge oder durch die Sicherstellung des Arbeitnehmerdatenschutzes.[21] Im Vergleich zu sonstigen Outsourcing-Betätigungen, sind die Ansprüche im HR-Outsourcing auf einer höheren Ebene gestellt, da es beim HR-Outsourcing um sensible Daten geht, die den Menschen als Arbeitnehmer betreffen.

Bei einem Betriebsübergang im Sinne des § 613a BGB, handelt es sich um ein Rechtsgeschäft, bei dem der Betrieb oder ein Teil des Betriebes, auf einen neuen Inhaber übergeht. Werden im Outsourcing abgrenzbare Unternehmensaufgaben oder –teile, also wirtschaftliche oder organisatorische Einheiten auf einen Dienstleister übertragen, kann dadurch die Voraussetzung für einen Betriebsübergang erfolgen, vorausgesetzt die Organisationsstruktur des Betriebes bleibt bestehen. Ein Betriebsübergang kann auch durch die Übernahme eines Auftrags durch einen Dienstleister und die damit verbundene Übernahme einzelner Arbeitnehmer, begründet werden. Rechtsfolge eines Betriebsübergangs ist die unveränderte Übernahme der Arbeitsverhältnisse durch den neuen Inhaber. Für betroffene Arbeitnehmer bedeutet die Zustimmung zum Übergang einen Arbeitgeberwechsel. Der Dienstleister wiederum ist dazu verpflichtet, den Arbeitnehmer zu unveränderten Konditionen, weiter zu beschäftigen. Sinn und Zweck dieser Regelung ist es, einen lückenlosen Bestandsschutz für den Arbeitnehmer zu gewährleisten. Die Übertragung eines Betriebsteils darf nicht zur Beendigung der bisherigen Arbeitsverhältnisse - der Arbeitnehmer steht diesbezüglich unter Kündigungsschutz – führen. Die Arbeitsverhältnisse gehen automatisch, mit

---

19 Vgl. Schewe/Kett (2007), S. 7.

20 Vgl. Meckl (1999), S. 13.

21 Vgl. Panzer (2010), S. 12.

allen Rechten und Pflichten, auf den Dienstleister über. Die Rechtsfolge des Betriebsübergangs kann insbesondere auf die Betriebsorganisation und Kostenstruktur des Outsourcing-Anbieters erhebliche Auswirkungen haben. Dieser plant nämlich oft die Leistungserbringung mit eigenen Mitarbeitern, die i. d. R. weniger Lohnkosten verursachen und dadurch effizienter und kostengünstiger dieselbe Arbeit verrichten. Der Betriebsübergang kann lediglich dann umgangen werden, wenn eine Outsourcing-Maßnahme ohne Übertragung von Sachmitteln oder Arbeitnehmern erfolgt.[22]

Wenn sich ein Unternehmen für eine Auslagerung der HR-Prozesse entscheidet, muss es ebenso darauf achten, dass die Auftragsdatenverarbeitung auf Basis des Bundesdatenschutzgesetzes (BDSG) gestützt ist. Nach § 4 BDSG darf der Auftraggeber personenbezogene Daten eines Beschäftigten nur dann erheben, verarbeiten oder nutzen, wenn dies für die Durchführung, Begründung oder Beendigung eines Beschäftigungsverhältnisses notwendig ist. Um die Beschäftigungsdaten an Dritte, wie den Outsourcing-Anbieter, zu übermitteln, müssen die Beschäftigten erst einwilligen, da diese Vorgehensweise für die Begründung, Durchführung und Beendigung des Beschäftigungsverhältnisses nicht notwendig ist. Die Auftragsdatenverarbeitung nach § 11 BDSG bietet jedoch eine interessante Möglichkeit den § 4 BDSG zu umgehen, denn der Paragraph regelt den Umgang mit personengebundenen Daten durch Dritte, die jedoch vollständig weisungsgebunden sind und keinerlei eigene Handlungsspielräume besitzen. Sind diese Voraussetzungen beim Outsourcing-Projekt gegeben, muss die Weitergabe der Daten an Dienstleister nicht begründet oder gerechtfertigt werden. Vielmehr wird hier der Outsourcing-Anbieter, aufgrund seiner Weisungsgebundenheit, als verlängerter Arm des auslagernden Unternehmens verstanden. Der Auftraggeber trägt weiterhin die Verantwortung dafür, dass die gesetzlichen Datenschutzbestimmungen bei den auszulagernden Tätigkeiten eingehalten werden, so haftet das Unternehmen für das Handeln seines Outsourcing-Partners. Für den outsourcenden Betrieb ist hier besonders wichtig entsprechend sorgfältig bei der Wahl des passenden Dienstleisters vorzugehen, v. a. muss das Unternehmen darauf achten, dass die technischen und organisatorischen Maßnahmen des Dienstleisters konform mit den Datenschutzvorschriften sind.[23]

Die genannten rechtlichen Aspekte sind nicht unerheblich für das auslagernde Unternehmen und können zu erhöhten Umsetzungskosten der Outsourcing-Maßnahme führen. Um diese Kosten möglichst gering zu halten, sollten sich die Unternehmen besonders intensiv mit den rechtlichen Gesichtspunkten des HR-Outsourcings auseinandersetzen.

---

22 Vgl. Panzer (2010), S. 13f.; Pappenheim et al. (2011), S. 135ff
23 Vgl. Panzer (2010) S. 13f.; Jürgens (2008), S. 83; Wullenkord/Kiefer/Sure (2005), S. 52f.

3 Die HR-Funktion im Spannungsfeld zwischen Self-Service und Outsourcing

3.1 Entwicklung des Personalmanagements

Unter dem Ausdruck *Personalmanagement* versteht man die Summe aller personellen Gestaltungsmaßnahmen die zur Realisierung der Unternehmensziele notwendig sind.[24] Das beinhaltet die Planung, Umsetzung und Kontrolle aller Aktivitäten bei denen die Beschäftigung von Mitarbeitern zur Aufgabenerfüllung notwendig ist.[25] Das betriebliche Personalmanagement – auch oft Personalwesen, Personalwirtschaft oder Human Resources Management genannt – setzt sich mit der menschlichen Arbeit bzw. mit dem Menschen als Arbeitnehmer auseinander. Zwar sind die zahlreichen Umschreibungsversuche des Personalmanagements nicht als direkte Synonyme zu verstehen, bilden jedoch einen gemeinsamen Kern bei dem der Mensch und seine Arbeit im Mittelpunkt stehen.[26]

Traditionell war das Personalwesen ein betriebliches Instrument mit der Aufgabe, den Faktor Arbeit bestmöglich auf die technologischen, organisatorischen, rechtlichen und markterforderlichen Rahmenbedingungen des Unternehmens abzustimmen. Das primäre Ziel bestand in der rechtmäßigen Gewährleistung aller personalpolitischen Aktivitäten. Darüber hinaus wurde die optimale Arbeitsproduktivität der Mitarbeiter angestrebt. Die personalpolitischen Aufgaben waren überwiegend in der zentralen Stabsleitung integriert. Da die Personalabteilung in erster Linie mit administrativen und operativen Aufgaben betraut war, wurde ihr in der Regel keinerlei Weisungsbefugnis und somit kaum Mitspracherecht bei unternehmenspolitischen Entscheidungen zugesprochen.[27]

Bis in die 1960er Jahre waren vor Allem zwei Aufgabenbereiche Mittelpunkt der Personalarbeit - einerseits die Auszahlung der Löhne und Gehälter und andererseits die Personalaktenverwaltung. Im Laufe der Jahre entwickelte sich die HR-Arbeit weiter und übernahm zusätzliche- Aufgaben, wie die folgende Abbildung zeigt:[28]

---

24 Vgl. Gabler Wirtschaftslexikon „Personalmanagement" online abgefragt :
    http://wirtschaftslexikon.gabler.de/Definition/personalmanagement.html (Stand 07.03.2012)

25 Vgl. Scholz (2000), S. 1.

26 Vgl. Kolb (2008), S. 3.

27 Vgl. Holtbrügge (2007), S. 1.

28 Vgl. Wickel-Kirsch/Janusch/Knorr (2008), S. 128.

	Admini-strations-phase	Struktur-ierungs-phase	Implemen-tierungs-phase	Flexibilisier-ungsphase	Unterneh-merische Phase
Zeitraum	Bis ca. 1965	Bis ca. 1975	Bis ca. 1990	Bis ca. 2002	Seit ca. 2002
Gesellschaft-liche Merkmale	Aufbau der Wirtschaft	Veränderungen im Arbeits- und Mit-bestimmungs-gesetz; Veränderte Arbeitswissen-schaften	Strukturelle Wirtschafts-probleme; Veränderte Anforderungen der Lebens-qualität	Internationa-lisierung; Flexibilisierung der Tarifpolitik	Prozess-optimierung; Electronic HR-Manage-ment; Aufgreifen lokaler Anforderungen
Einordung der Personal-abteilung in die Unterneh-mens-hierarchie	Hauptsächlich 3. Führungs-ebene	Hauptsächlich 2. Führungsebene	Hauptsächlich 1. Führungsebene	Bei Dezen-tralisierung hauptsächlich 1. und 2. Führungs-ebene	Bei Dezentrali-sierung haupt-sächlich 2. Führungs-ebene
Art der Personalarbeit	Verwaltung	Vermittlung und Beratung	Agieren	Dezentrales Agieren und Beraten	Dezentrales Agieren und Beraten
Schwerpunkte der Personal-arbeit	-Lohn- und Gehaltsab-rechnung -Aktenver-waltung	-Personal-planung -Weiterbild-ung -Personal-führung	-Personal Informa-tionssysteme -Organisa-tionsentwick-lung	-Arbeitszeit-gestaltung und Anreiz-systeme -Individuali-sierte Kon-zepte	-Automati-sierung von Prozessen -strategische Ausrichtung -internationale Personalarbeit

Tab. 1: Entwicklungsphasen des Personalmanagements[29]

Die Bedeutung der Personalarbeit erlebte seitdem einen starken Wandel. Im HR-Management kam es zu einer Reorganisation, bei der die HR-Abteilung nicht mehr als reine Verwaltungsinstanz, sondern vielmehr als ein aktiver und integrierter Teil des gesamten Managementprozesses wahrgenommen wird.[30] Lag der Schwerpunkt im traditionellen Personalwesen überwiegend auf den Themen *Rechtmäßigkeit* und *Arbeitsproduktivität*, verfolgt das Personalmanagement heute weitaus umfassendere Ziele, was auch auf die Veränderung des allgemeinen Menschenbildes zurückzuführen ist. Wo früher der Mitarbeiter als Produktionsfaktor angesehen wurde, wird er heute als Organisationsmitglied verstanden, dessen Bedürfnisse und Qualifikationen bei Entscheidungen mit zu berücksichtigen sind, damit eine möglichst hohe *Arbeitszufriedenheit* geschaffen werden kann. Des Weiteren zielt das moderne

---

29   Eigene Darstellung in Anlehung an Wunderer/von Arx (1999), S. 27f.; Wickel-Kirsch/Janusch/Knorr (2008), S. 128.

30   Vgl. Scholz (2000), S. 1.

Personalmanagement auch auf die Verbesserung der Wettbewerbsfähigkeit und der Wirtschaftlichkeit ab. Um dies zu erreichen, muss sich das moderne Personalmanagement verstärkt am Markt orientieren.[31] Durch strategisches Personalmanagement soll die Personalarbeit dem Unternehmen nachhaltig und auf lange Sicht zur Verwirklichung der Gesamtziele verhelfen.[32]

3.2 Die Rolle der Personalabteilung

3.2.1 Das Rollenmodell nach Dave Ulrich

Je nach strategischer Ausrichtung unterscheidet sich die Rolle der Personalabteilung. Nach dem Rollenmodell von Dave Ulrich, lassen sich für den HR-Bereich vier Rollen definieren, die je unterschiedliche Ausrichtungen in der Strategie aufweisen. In der folgenden Abbildung werden die Rollen der Personalabteilung und deren Fokus dargestellt:[33]

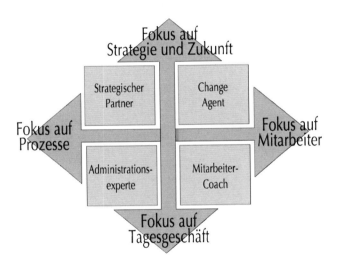

Abb. 1: Strategische Rollen der Personalabteilung[34]

---

31 Vgl. Holtbrügge (2007), S. 3.; Holtbrügge (2004), S. 2f.; Wickel-Kirsch Janusch, Knorr (2008), S. 128f.

32 Vgl. Haubrock (2004), S. 21.

33 Vgl. Wickel-Kirsch/Janusch/Knorr (2008), S. 6ff.

34 Eigene Darstellung in Anlehnung an Wickel-Kirsch/Janusch/Knorr (2008), S. 7, Heidecker (2003), S. 25.

1. Nimmt eine Personalabteilung die Rolle des **Administrationsexperten** ein, liegen die Schwerpunkte der Personalarbeit hauptsächlich in der Erfüllung der operativen Aufgaben, wie beispielsweise der Lohn- und Gehaltsabrechnung. Diese Rolle orientiert sich weniger an der Strategie, sondern vielmehr an den Kosten und Durchlaufzeiten.
2. Findet sich die Personalabteilung mehr in der Rolle des **Strategischen Partners** bzw. **Business Partners** wieder, liegt der Kernprozess der HR-Arbeit in der Optimierung der einzelnen Geschäftsbereiche. Die Rolle des HR-Bereichs als Business Partner ist strategisch orientiert und zielt auf den Gesamterfolg des Unternehmens ab.
3. Als **Change-Agent** steht die Veränderung bzw. Umsetzung der Unternehmensstrategie im Mittelpunkt der Personalarbeit. Dabei geht es hauptsächlich um das Erkennen und die Förderung von innovativen Verbesserungsmöglichkeiten und somit um den Fortschritt des Unternehmens. Diese Rolle ist strategisch ausgerichtet und treibt die Entwicklung des Unternehmens voran.
4. In der Rolle des **Mitarbeiter-Coaches** setzt die Personalabteilung den Mitarbeiter und seine alltäglichen Bedürfnisse den Fokus ihrer Personalarbeit. Typische Zielsetzungen, wie die Zufriedenheit der einzelnen Mitarbeiter und die Personalentwicklung sowie die Optimierung der Arbeitsstrukturen, sind Kernprozesse dieser Rolle. Der Mitarbeiter-Coach ist nicht strategisch orientiert kann aber dennoch wenn nötig, die Interessen des Unternehmens an erster Stelle setzen.

Um ein klares Profil zu erhalten und um einen messbaren Beitrag zur Wertschöpfung des Unternehmens zu leisten, kann die Personalabteilung nicht alle Rollen gleichzeitig einnehmen. Eine eindeutige Positionierung gewährleistet eine Erhöhung des Wertbeitrags indem sich der HR-Bereich, je nach Strategie, auf die jeweiligen Kernvorhaben fixiert. Dies wiederum bedeutet nicht, dass durch die strategische Festlegung auf eine der Rollen die Anderen ignoriert werden müssen.[35]

3.2.2 Die organisatorische Einordnung des Personalmanagements im Unternehmen

In den letzten Jahren kam es zunehmend zu einem organisatorischen Wandel im Personalbereich.[36] Verantwortlich dafür sind mehrere Veränderungen in der Unternehmensumwelt. Zum einen entstand als Folge der Globalisierung ein verschärfter Wettbewerb, zum anderen veränderte sich Arbeitnehmerstruktur aufgrund der demographischen Entwicklungen: Es gibt mehr ausländische, weibliche und ältere Arbeitnehmer als früher.[37] Darüber hinaus nahm die Dynamik und die Komplexität der Umfeld- und Marktbedingungen zu. Es folgten rapide technologische Fortschritte und ständige Erneuerungen der rechtlichen Rahmenbedingungen. Unternehmen sind oft nicht mehr im Stande, ohne Unterstützung externer Dienstleister, die sich daraus ergebenden Anforderungen an das Personalmanagement selbstständig zu meistern.[38] Der stetige Wandel im Steuer- und Sozialversicherungsrecht, sowie von Tarifabschlüssen, erfordert einen

---

35 Vgl. Wickel-Kirsch/Janusch/Knorr (2008), S. 7.

36 Vgl. Kapitel 3.1.

37 Vgl. Wunderer/Dick (2006), S. 9ff.

38 Vgl. Schweizer/zu Knyphenhausen-Aufseß/Ulscht (2005), S. 26; Wald (2005), S. 312ff.

steigenden Informationsbedarf von Seiten der Personalverantwortlichen.[39] Durch den zunehmenden Trend zur Individualisierung, sowie den wachsenden Flexibilitätsanforderungen an die HR-Abteilung und durch die abnehmende Halbwertszeit von Wissen, werden die Personalverantwortlichen noch zusätzlich gefordert.[40] Ebenso nehmen komplexe Personalinformationssysteme und das Personalcontrolling einen immer größer werdenden Einfluss auf die Personalarbeit, was wiederum zu steigenden Anforderungen an die Mitarbeiter der Personalabteilung führt. Auf lange Sicht kann Personalarbeit nur dann erfolgreich sein, wenn moderne Personalmanagementinstrumente und Managementkonzepte eingesetzt werden. Der souveräne Umgang mit Konzepten und neuen Technologien wird mittlerweile bei Mitarbeitern der Personalabteilung vorausgesetzt.[41]

Insgesamt nimmt der Personalbereich eine zentrale Rolle innerhalb der Unternehmensführung ein. Die Aufgabe besteht nicht mehr lediglich in der Implementierung von Strategien, sondern auch in deren Weiterentwicklung. Durch die erhöhten Anforderungen an die Personalarbeit die Effizienz und Effektivität zu erhöhen, besteht zunehmend das Bedürfnis administrative Tätigkeiten auszulagern, um mehr Platz für strategische Aktivitäten zu schaffen und somit einen höheren Wertschöpfungsbeitrag zu leisten. Dadurch kommt es zu einem Wandel in der Personalabteilung, bei dem Routinearbeiten in den Hintergrund rücken und strategische bzw. strategieunterstützende Aktivitäten einen höheren Stellenwert einnehmen, was die folgende Graphik verdeutlicht: [42]

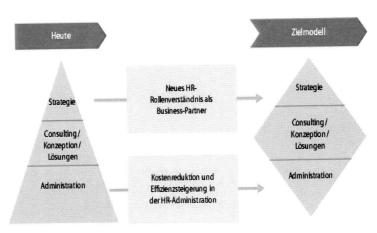

Abb. 2: Von der Administration zum Business Partner[43]

---

39   Vgl. Balbach (1999), S. 61.
40   Vgl. Ehmann/Eisele (2003), S. 33.
41   Vgl. Schmeisser/Eckstein/Dannewitz (2001), S. 54ff.

42   Vgl. Oerting/Kohler (2010), S. 140ff.; Holtbrügge (2007), S. 5f; Wickel-Kirsch/Janusch/Knorr (2008), S. 3.; Wildemann/Hausladen (2005), S. 15.; Vgl. Wunderer/Dick (2006), S. 43.
43   Quelle: Oerting/Kohler (2010), S. 141.

Aufgrund der zunehmenden strategischen Wichtigkeit des Personalmanagements, stellen immer mehr Betriebe fest, dass Personalarbeit einen wichtigen Beitrag zur Wertschöpfung des Unternehmens leistet.[44]

3.2.3 Wahrnehmung des HR-Bereichs in der Praxis

Dass dem HR-Bereich immer mehr an Bedeutung zugesprochen wird und dass die HR-Arbeit einen Wertschöpfungsbeitrag des Unternehmens leistet, wurde bereits im letzten Kapitel erläutert. Geht man von der Literatur aus, nimmt der HR-Bereich heutzutage bereits einen zentralen Platz innerhalb der Unternehmensführung ein. Doch wie verhalten sich diese Theorien in der realen Unternehmensumwelt? Ist der Stellenwert des HR-Bereiches auch in der Praxis so hoch, wie er in der Literatur beschrieben wird? Im folgenden Abschnitt wird anhand von Studienergebnissen der Consulting-Unternehmen *Capgemini* und *Kienbaum* die tatsächliche Positionierung und Wahrnehmung der HR-Abteilung im Unternehmen analysiert.

Mitte der 90er Jahre veröffentlichte Dave Ulrich sein *Business Partner-Modell* welches Personalabteilungen dabei unterstützen soll, im Unternehmen strategisch und mitgestaltend zu agieren. Auch in der Praxis ist bereits das erste Verständnis dieses Business-Partner-Konzeptes durchgedrungen.[45] Jedoch scheinen sich Personalabteilungen tatsächlich selbst noch nicht als „Business Partner" wahrzunehmen. Mehr als die Hälfte der befragten Unternehmen in den Studien der Consulting-Unternehmen *Kienbaum* und *Capgemini*,[46] konnten mit eigener Einschätzung der Rolle des strategischen Partners, noch nicht gerecht werden. Nur jeder Dritte Personaler glaubt, dass der HR-Bereich seine internen Kunden durch seine Leistungen zufriedenstellt. Obwohl ca. 60% der befragten Unternehmen dem HR-Management eine hohe Bedeutung zusprechen, muss der Personalbereich sich eingestehen, dass er seiner Verantwortung bislang nicht gerecht wird.[47]

Das wirkt ernüchternd, bedenkt man, dass das Rollenmodell Ulrichs schon seit über einem Jahrzehnt in Unternehmen propagiert und angewendet wird. Als Hauptgrund für das nicht Erfüllen der strategischen Rolle gilt die mangelnde Einbindung des HR-Bereiches in die Entscheidungsprozesse des Unternehmens. Auch dominieren weiterhin operative Aufgaben das Tagesgeschäft des HR-Bereiches. Hinzu kommt die fehlende Anerkennung von Seiten der Unternehmensführung, die zu Schwierigkeiten bei der Umsetzung der Rolle des HR-Business-Partners führt[48]. Personalabteilungen sehen sich trotz der optimistischen Einschätzungen in der Literatur immer noch in der Position des effizienten Lieferanten von administrativen Serviceleistungen, anstatt als strategische Stütze zur Zielerreichung. Auffällig ist jedoch, dass die Personalverantwortlichen kleiner und mittelgroßer Unternehmen die Leistungen ihres HR-Bereiches durchweg optimistischer beurteilen, als Große.[49]

---

44 Vgl. Jäger (2006), S. 12; Meckl (1999), S. 9; Schneider (2003), S. 53; Oerting (2006), S. 17ff.

45 Vgl. Studie der Capgemini Consulting (2011): HR-Barometer, S. 13.

46 Vgl. Studie der Capgemini Consulting: HR-Barometer 2011; Kienbaum-Studien: HR-Klima Index 2011, HR Strategie & Organisation 2010.

47 Vgl. Kienbaum-Studie (2010): HR Strategie & Organisation, S. 26.

48 Vgl. Studie der Capgemini Consulting (2011): HR-Barometer, S. 17ff; Kienbaum-Studie (2011): HR-Klima Index (2011), S. 4f.

49 Vgl. Kienbaum-Studie (2010): HR Strategie & Organisation, S. 22.

Die Wahrnehmung des HR-Bereiches weist offenbar in der Theorie und in der Praxis unterschiedliche Ergebnisse auf. Stützt man sich auf die Literatur, scheint das Rollenmodell und dabei insbesondere die Rolle des HR-Bereichs als HR-Business-Partner bereits im Unternehmen angekommen zu sein. Jedoch gibt es bei der Umsetzung zum HR-Business-Partner noch erhebliche Probleme. In der Unternehmenspraxis kämpfen Personalabteilungen immer noch überwiegend mit operativen Aufgaben, anstatt an strategischen Entscheidungen im Unternehmen konstruktiv mitzuarbeiten. Um dies ermöglichen zu können, wäre ein Weg administrative HR-Aufgaben an externe Dienstleister abzugeben, um mehr Platz für strategische und wertschöpfende Aufgaben zu schaffen.

3.2.4 Größe des HR-Bereichs

Der Stellenwert und die Bedeutung des Personalmanagements sind nicht in allen Unternehmen homogen. Die Größe des HR-Bereiches im Unternehmen variiert stark und ist abhängig von verschiedenen Eigenschaften des Unternehmens. Besonderen Einfluss auf die Größe der Personalabteilung haben folgende Merkmale:

- Die **Zahl der Beschäftigten** des Unternehmens,
- die **Branche**, zu der das Unternehmen gehört, sowie
- die **dezentrale Unternehmensstruktur.**

Typischerweise wächst der HR-Bereich mit der Größe des Unternehmens, ebenso wie der Umfang seiner Aufgaben. Die Belegschaft ist größer und heterogener als bei kleineren Unternehmen, was die Anforderungen an den Arbeitgeber steigen lässt, so erfordert es zum Beispiel einen höheren Betreuungsaufwand, was dazu führt, dass die Bedeutung der Personalarbeit zunimmt. Größere Unternehmen haben oft auch wirtschaftlich einen größeren Spielraum und damit die Möglichkeit mehr in ihr Humankapital und dadurch in das Personalmanagement zu investieren. Im Zusammenhang mit der Branchenzugehörigkeit wird deutlich, dass Größe und Bedeutung des HR-Bereichs im Handels- und Dienstleistungssektor generell höher sind als im Industriebereich. Größere Unternehmen und Betriebe im Handelssektor sind häufiger dezentral organisiert, d. h. sie haben neben der Unternehmenszentrale weitere Standorte, hier kommt es häufig vor, dass neben der zentralen HR-Abteilung auch zusätzlich dezentrale HR-Bereiche vorhanden sind die sich um die Personalarbeit an den jeweiligen Standorten kümmern. Auch dies ist ein Grund, weshalb das Personalmanagement bei größeren Unternehmen und Handelsbetrieben stärker besetzt ist.[50]

Allgemein fällt auf, dass der HR-Bereich je nach Unternehmen anders positioniert sein kann, u. a. aufgrund der Beschäftigtenzahl, Branchenzugehörigkeit und einer etwaigen dezentralen Unternehmensstruktur, die Einfluss auf die Größe und Bedeutung der Personalabteilung nehmen.

---

50   Vgl. Böck (2002), S. 36.

3.3 Prioritäten und Trends im HR-Bereich

3.3.1 Prioritäten im HR-Bereich

Der Themenschwerpunkt in der Personalarbeit lag im Jahr 2011 laut den befragten Unternehmen der Kienbaum-Studie *HR-Klimaindex 2011*, wie bereits in den Jahren zuvor, hauptsächlich in der *Steigerung der Führungs- und Managementqualität.* Jedoch rücken aufgrund der zu erwartenden positiven Beschäftigungs- und Umsatzentwicklung auch wieder die Bereiche *Rekrutierung* und *Arbeitgeberattraktivität* deutlich in den Vordergrund der Personalarbeit. Als bedeutend werden ebenso die Bereiche *Talentmanagement* sowie *Qualifizierung und Weiterbildung* eingeschätzt. Zudem muss die aktuelle *demographische Entwicklung* in Deutschland - also Rückgang der Geburtenrate und sinkende Mortalitätsrate die zu einer generellen Überalterung der Gesellschaft führen - stärker berücksichtigt werden, da sie zu Veränderungen in der Altersstruktur der Belegschaft führen, nämlich zu einer immer älter werdenden Arbeitnehmerschaft und zu weniger Berufseinsteigern. Anders sieht es bei den Themen *Change Management, Performance Management* und *Flexibilisierung des Personaleinsatzes und der Belegschaft* aus. Hier ist die Bedeutung für die Personalarbeit deutlich gesunken.[51] Zieht man die *HR-Trendstudie* von *Kienbaum* aus dem Jahr 2011 noch hinzu, zeigt sich, dass den Bereichen *HR-Outsourcing* und *Shared Service Center* nach wie vor keine Bedeutung zugemessen wird.[52]

Wenn man jedoch die Prioritäten der Personalarbeit im Branchenvergleich betrachtet, sind je nach Wirtschaftssektor deutliche Unterschiede zu verzeichnen:[53]

Aufgrund der zurückliegenden Wirtschaftskrise, dominieren im **Finanzsektor**, vor allem die Themen Vergütung/Anreizstrukturen, Change Management, Flexibilisierung des Personaleinsatzes und auch die Personalfreisetzung/Outplacement.
Im **Handel** wiederum liegt der Schwerpunkt der Personalarbeit vielmehr auf der Erhöhung der Führungs- und Managementqualität. Aber auch die Rekrutierung sowie die Qualifizierung/Weiterbildung haben in diesem Bereich eine hohe Relevanz.
In der **Dienstleistungsbranche** richtet sich die Aufmerksamkeit überwiegend auf HR-Bereiche rund um das Thema Unternehmenswachstum und Nachwuchssicherung.

Insgesamt lassen sich die Prioritäten in der Personalarbeit nicht eindeutig festlegen, da diese sich je nach Unternehmen und Branchenzugehörigkeit unterscheiden. Erkennbar ist allerdings, dass die Prioritäten der Personalarbeit vor allem in der Steigerung der Führungs- und Managementqualität, sowie in den Maßnahmen rund um den Personaleinsatz und -erhalt liegen.

---

51 Vgl. Kienbaum-Studie (2011): HR-Klima Index, S. 5.

52 Vgl. Kienbaum-Studie (2011): HR-Trendstudie, S. 7.
53 Vgl. Kienbaum-Studie (2011): HR-Klima Index, S. 6.

3.3.2 Trends im HR-Bereich

3.3.2.1 Trend zum Talentmanagement

Wie im letzten Abschnitt bereits dargelegt, liegen die Prioritäten in der Personalarbeit seit den letzten Jahren zunehmend in den Bereichen der Gewinnung, Entwicklung und Bindung von hochqualifizierten Fach- und Führungskräften. Heutzutage ist für Unternehmen das Anwerben und Binden geeigneter Nachwuchskräfte immer wichtiger, da die Nachfrage nach hochqualifiziertem Personal weiter ansteigt, jedoch die Zahl der Absolventen und Berufseinsteiger sinkt. Unter den Unternehmen herrscht der sogenannte *War of Talents*, was den Kampf um hochqualifiziertes Personal meint. Der Faktor Mensch erhält aufgrund der demographischen Veränderungen und der fortschreitenden Globalisierung eine stärker werdende Bedeutung, da durch den Übergang vom Zeitalter der Dienstleistungen hin zum digitalen Zeitalter die Anforderungen an die Unternehmen stetig steigen, z. B. aufgrund der technologischen Entwicklungen. Das hat zur Folge, dass die organisatorische Umwelt komplexer und der Mensch als Arbeiternehmer dadurch stärker gefordert wird. Vielen Unternehmen ist es deshalb ein wichtiges Anliegen, ihre Fach- und Führungskräfte durch umfangreiche Entwicklungsmaßnahmen, wie z. B durch das Angebot von Weiterbildungsmaßnahmen, zu gewinnen und zu halten. Obwohl *Talentmanagement* laut vielen Unternehmen fundamental für die Personalarbeit ist, zeigt sich in der Praxis, dass es selten konsequent umgesetzt wird. Das ist darauf zurückzuführen, dass in der Praxis bisher kein einheitliches Verständnis von Talentmanagement vorhanden ist und die Prozesse des Talentmanagements oft nur als eine reine Investitionsmaßnahme in den Menschen angesehen werden. Dabei handelt es sich bei diesem Konzept um ein Managementinstrument erfolgreicher Unternehmen. Nach aktuellen Ergebnissen der Kienbaum-Studie *HR Strategie & Organisation 2011*, wird die Bedeutung des Talentmanagements auch in Zukunft weiter ansteigen. Für 56% der beteiligten Unternehmen ist eine deutliche Zunahme der Relevanz des Talentmanagements im Unternehmen, im Vergleich zu den Vorjahren, zu verzeichnen. Dieser Prozess kann als ein fortschreitender Trend in der Personalarbeit bezeichnet werden, da Unternehmen ihren aktuellen Stand im Talentmanagement weiterentwickeln wollen.[54]

3.3.2.2 Trend zu Web 2.0-Technologien

Ein anderer Trend, der sich im HR-Bereich bemerkbar macht ist die Nutzung von *Web 2.0-Technologien*. Dabei kann man zwei Einsatz- und Wirkungsbereiche des Web 2.0 im Unternehmen voneinander unterscheiden: Einerseits verwenden Personalabteilungen Web 2.0-Technologien und -Applikationen um HR-Kernprozesse zu unterstützen. So versuchen sie etwa in den Bereichen Personalmarketing und Rekrutierung, durch Präsenz in Internet-Blogs, der Verwendung von Pod- und/oder Videocasts und durch Anwesenheit in sozialen Netzwerken, Aufmerksamkeitsgewinne bei potenziellen und künftigen Mitarbeitern zu erzielen. Andererseits nutzen Unternehmen das Web 2.0 für das Change Management. Sie erhoffen sich durch den Einsatz von Web 2.0-Anwendungen im Veränderungsmanagement einen besseren Wirkungsgrad: Web 2.0-Applikationen sollen durch eine höhere Informationsdichte und eine gesteigerte Partizipationsrate für mehr Akzeptanz,

---

54 Vgl. Kienbaum-Studie (2010): HR Strategie & Organisation, S. 54f.

im Hinblick auf eventuelle Veränderungen, sorgen. Mitarbeiter sollen so besser über die Fakten der Veränderungen informiert werden, dazu befragt und angehört werden. Hinsichtlich ihrer Reichweite und Informationsgeschwindigkeit weisen Business- und Mitarbeiter-Weblogs, Netmeetings, Wikis oder Real Time Votings Vorteile gegenüber den herkömmlichen Change Management Instrumenten auf.[55]

Durch die Einführung von Web 2.0-Technologien soll vor allem die interne Zusammenarbeit aufgrund der gesteigerten Konnektivität optimiert werden. Dies wiederum wirkt sich positiv auf das Mitarbeiterengagement, den Wissensaustausch und indirekt auf die Problemlöse- sowie Innovationsfähigkeit aus. Fast 90% der befragten Unternehmen sprechen den neuen Medien eine hohe Bedeutung zu, woraus sich ein deutlicher Trend hin zu Web 2.0 Anwendungen ausmachen lässt.

3.3.2.3 Trend zu HR-Self-Service-Systemen

Ein weiterer Trend im HR-Bereich ist der Einsatz von **HR-Self-Service-Systemen**. Mit Hilfe von HR-Self-Service-Systemen sollen HR-Prozesse beschleunigt, sowie Personalabteilungen im administrativen Bereich entlastet werden.[56] Die Plattform die diesen digitalen Prozess ermöglicht, bezeichnet man *Employee Self Service (ESS)*, was frei übersetzt etwa „Mitarbeiter-Selbstbedienung" bedeutet. Mitarbeiter können dabei auf ihre persönlichen Daten wie z. B. die Bankverbindung eigenmächtig zugreifen und diese bei Bedarf verändern. Auch verschiedene Dienste, wie bspw. Urlaubsanträge, können damit online abgewickelt werden.[57] Dieser Trend lässt sich auf zwei Tendenzen zurückführen die seit Längerem in der Personalarbeit zu erkennen sind: Einerseits wird eine Neigung zur Zentralisierung im HR-Bereich beobachtet, bei der verschiedene Personalfunktionen gebündelt werden. Andererseits lässt sich eine Entwicklung in Richtung Dezentralisierung feststellen, was dazu führt, dass Mitarbeiter und Führungskräfte verstärkt in die HR-Prozesse mit eingebunden werden. Dadurch sollen Prozesse effizienter gestaltet und näher an den Kunden gebracht werden.[58]

Nach einer Studie der *perbit Software GmbH* im Jahr 2011 nutzten ca. 57% der teilnehmenden Unternehmen bereits IT-gestützte HR-Self-Services. Die Unternehmen äußerten sich dabei mit über 80% weitgehend positiv über den Einsatz von HR-Self-Services. Des Weiteren planen knapp 60% der befragten Unternehmen die bisher keine Self-Services in ihrem Unternehmen eingesetzt haben in den kommenden Jahren die Einführung solcher Plattformen. Grundsätzlich lassen sich HR-Self-Services in zwei Kategorien einteilen. Zum einen die Self-Services für Mitarbeiter, also die *Employee-Self-Services (ESS)* und zum anderen die Self-Services für Führungskräfte, also die *Management-Self-Services (MSS)*. Im Rahmen dieser Arbeit werden aber vor allem die ESS behandelt, da diese den HR-Bereich deutlicher beeinflussen als die MSS. Employee-Self-Services kommen überwiegend in der Zeitwirtschaft zum Einsatz, gefolgt von der Stammdatenpflege und dem Reisemanagement. Diese drei Bereiche haben gleichzeitig die größte Relevanz für zukünftige ESS-Planungen. Aber auch Themen wie Weiterbildung und Zielvereinbarung sowie der interne Stellenmarkt werden bei mehreren Unternehmen mit Hilfe von ESS-

---

55 Vgl. Studie der Capgemini Consulting (2011): HR-Barometer, S. 48f.
56 Vgl. Studie der perbit Software GmbH (2011), S. 3.
57 Vgl. Keller (2009), S. 88.
58 Vgl. Studie der perbit Software GmbH (2011), S. 3.

Plattformen fokussiert. Die meisten Unternehmen die HR Self-Service-Systeme verwenden, nutzen diese über folgende Informations- und Kommunikations-Tools:[59]

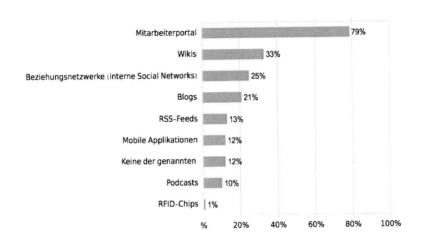

Abb. 3: Nutzung von Informations- und Kommunikations-Tools von HR-Self-Services im Unternehmen[60]

ESS-Systeme werden am Häufigsten über Desktops/PCs genutzt. Manche Unternehmen nutzen ESS-Plattformen aber auch über Kiosksysteme oder mobile Endgeräte. Durch den Einsatz von ESS-Portalen wird die Personalabteilung entlastet, da Teile ihrer Aufgaben an einzelne Mitarbeiter des Unternehmens delegiert werden können. Das kann aber nur dann zu einer zusätzlichen Wertschöpfung für die Unternehmung führen, wenn sich solche Werkzeuge für den Mitarbeiter möglichst einfach bedienen lassen, sodass ein Vorteil durch die Benutzung von ESS-Systemen entsteht. Ist dies nicht der Fall, schöpft das Unternehmen keinen Mehrwert aus dem Einsatz von HR-Self-Services, denn dann erfolgt lediglich eine Arbeitsverlagerung von der HR-Abteilung auf die einzelnen Mitarbeiter.[61]

Insgesamt lässt sich ein zunehmender Trend zur Nutzung von HR-Self-Service-Plattformen verzeichnen, welcher durch den technologischen Fortschritt weiter anhalten wird.

---

59   Vgl. Studie der perbit Software GmbH (2011), S. 5ff.
60   Eigene Darstellung in Anlehnung an die Studie der perbit GmbH (2011), S. 9.
61   Vgl. Degner (2007).

3.4 Outsourcing im HR-Bereich

3.4.1 Theoretische Ansätze zur Entscheidungs-findung

Das primäre Ziel beim Outsourcing ist die Optimierung der Unternehmensorganisation. Dabei soll alles was nicht den Kernkompetenzen des Unternehmens entspricht ausgelagert werden, um die Flexibilität zu steigern und zugleich die Kosten zu reduzieren. Unternehmen die sich für eine Auslagerung entscheiden, verfolgen sowohl strategische als auch kostengestützte Ziele. Strategische Ziele sollen dem Unternehmen langfristige Vorteile verschaffen, z. B. durch den Aufbau von Wettbewerbsvorteilen, der Erhöhung der Konzentration auf die Kernkompetenzen und Flexibilitätssteigerungen. Kostenbasierte Zielsetzungen wiederum sind nur kurzfristig geplant und beabsichtigen eine Leistungsverbesserung in den jeweiligen HR-Bereichen. Da Unternehmen häufig einem hohen Kostendruck ausgesetzt sind, tendieren sie mehr zu einer rapiden und langfristigen Kostensenkung.[62]

Somit sprechen sowohl kostenorientierte als auch strategische Gründe für ein Outsourcing von Unternehmensfunktionen, die einerseits hohe Kosten für die Unternehmung verursachen und andererseits einen hohen administrativen Aufwand erfordern. Die freigewordenen Ressourcen können dann für wertschöpfende Aufgaben eingesetzt werden.[63]

In den folgenden Abschnitten werden der Transaktionskostenansatz aus kostenorientierter Sicht, sowie der ressourcenorientierte Ansatz aus strategischer Sicht dargestellt und erklärt.

3.4.1.1 Transaktionskostenansatz

Der Transaktionskostenansatz von Coase bietet eine Hilfestellung zur Outsourcing-Entscheidung. Bei diesem Ansatz werden unterschiedliche Transaktionsformen hinsichtlich ihrer Effizienz verglichen. Es erfolgt eine Gegenüberstellung der unternehmensinternen Transaktionskosten im Falle der Eigenerstellung einer Leistung, mit den Transaktionskosten bei einer Fremderstellung. Transaktionen die intern zu günstigeren Konditionen erbracht werden können, sollen demnach weiterhin im Unternehmen verbleiben. Demzufolge sollen Transaktionen fremdvergeben werden, wenn deren Abwicklung über den Markt kostengünstiger erfolgen kann, als bei interner Erstellung. Bei jeder Transaktion im Unternehmen entstehen sogenannte Transaktionskosten, diese enthalten die gesamten Kosten einer Transaktion, von der Anbahnung, über den Abschluss inklusive der Überwachung, bis hin zur Durchsetzung von Verträgen. Dabei lassen sich vier Kostenarten voneinander unterscheiden: [64]

- *Anbahnungskosten:* Sie entstehen dem auslagernden Unternehmen bei der Suche nach einem qualifizierten Outsourcing-Dienstleister.
- *Vereinbarungskosten:* Sie entstehen bei den Verhandlungen zwischen dem Unternehmen und dem Outsourcing-Anbieter.

---

62   Vgl. Hodel/Berger/Risi (2004), S. 13; Zahn/Barth/Hertweck (1998), S. 111; Hodel (1999), S. 23.
63   Vgl. Spies (2004), S. 118.
64   Vgl. Hermes/Schwarz (2005), S. 17.

- **Kontrollkosten:** Sie entstehen im Laufe der Geschäftsbeziehung für das auslagernde Unternehmen und dienen der Sicherstellung, ob die jeweiligen Leistungsvereinbarungen, die im Vorhinein abgeschlossen wurden, eingehalten werden.
- **Anpassungskosten:** Sie entstehen, sobald Änderungen der Leistungsvereinbarungen zwischen den beiden Parteien vorzunehmen sind.

Die Höhe der Transaktionskosten variiert und lässt sich durch die Spezifität der einzelnen Transkationen, sowie die mit den Transaktionen verbundene Unsicherheit und Häufigkeit bestimmen.[65] Transaktionskosten sind geringer, wenn überwiegend standardisierbare und wenig komplexe Leistungen ausgelagert werden. Diese haben kaum einen Bezug zur Unternehmensstrategie, weswegen sie von externen Anbietern überwiegend automatisiert und standardisiert angeboten werden können.

3.4.1.2 Ressourcenorientierter Ansatz

Der ressourcenorientierte Ansatz nach Prahalad und Hamel, berücksichtigt die strategischen Ziele in der Outsourcing-Überlegung und versucht herauszufinden, wie sich Unternehmen einen dauerhaften Wettbewerbsvorteil gegenüber ihrer Konkurrenz verschaffen können. Demnach sollen Unternehmen nur die Aufgaben selbst erledigen, die zu ihren Kernkompetenzen gehören.[66] Fähigkeiten und Ressourcen, die Kernkompetenzen eines Unternehmens sind, müssen folgende Anforderungen erfüllen:[67]

Sie müssen sich auf neue Produkte und Dienstleistungen transferieren lassen.
Sie müssen schwer imitierbar und somit nachhaltig einzigartig sein.
Sie müssen eng verbunden mit den Vorzügen sein, die Kunden mit dem Endprodukt wahrnehmen.

Liegt die Konzentration des Unternehmens auf seine Kernkompetenzen, bedeutet dies im Umkehrschluss, dass Funktionen die keine Kernkompetenzrelevanz besitzen weniger wichtig für das Unternehmen sind, weswegen eine Auslagerung an externe Anbieter prädestiniert ist. Die Anwendung des ressourcenorientierten Ansatzes dient dem Unternehmen zur Feststellung, inwieweit eine Funktion bedeutend für die Kernkompetenz eines Unternehmens ist, so dass eine Fremdvergabe nicht anzuraten wäre. Ebenso können die Unternehmensfunktionen bestimmt werden, die durch externe Dienstleister zu einer besseren Qualität erbracht werden können.

Prinzipiell sollten vor einer Outsourcing-Entscheidung sowohl die Aspekte der Transaktionskostentheorie als auch die Faktoren des ressourcenorientierten Ansatzes berücksichtigt werden. Dennoch ist in der Praxis ersichtlich, dass Unternehmen vor allem die transaktionskostentheoretischen Kriterien beachten und primär zunächst eine Kostenminimierung anstreben. Anhand der verschiedenen Ansätze wird deutlich, dass HR-Outsourcing nicht nach Belieben durchgeführt werden kann, da nicht alle Personalprozesse gleichermaßen für eine Auslagerung in Frage kommen. Bei der Entscheidungsfindung sollte nicht

---

65 Vgl. Achenbach (2004), S. 313.
66 Vgl. Holtbrügge (2004), S. 53.
67 Vgl. Prahalad/Hamel (1990), S. 52ff.

nur die Kostenreduktion allein Grund für eine Fremdvergabe sein, sondern ebenso die strategische Relevanz einzelner Prozesse. Denn je weniger ein Prozess zur Wertschöpfung des Unternehmens beiträgt, desto mehr eignet er sich für ein Outsourcing.

3.4.2 HR-Prozesse und ihre Outsourcing-Fähigkeit

Nicht alle Personalprozesse bzw. Personalfunktionen sind in gleicher Weise für ein Outsourcing geeignet. Generell kann ein Geschäftsprozess dann ausgegliedert werden, wenn er die nachfolgenden Merkmale erfüllt: [68]

- Der Prozess ist kein Kernprozess des Unternehmens.
- Der Prozess trägt wenig zur Wertschöpfung bei.
- Der Prozess beinhaltet hohe bzw. laufende Investitionskosten.
- Der Prozess ist standardisierbar bzw. automatisierbar.

In den folgenden Absätzen werden die einzelnen Prozesse der Personalarbeit dargestellt und hinsichtlich ihrer Outsourcing-Fähigkeit untersucht.

3.4.2.1 HR-Kernprozesse

Zu den Kernprozessen des HR-Managements zählen die Personalprozesse, die von der Personalauswahl bis hin zur Personalfreisetzung reichen. Diese Prozesse sind direkt auf den betrieblichen Lebenszyklus des Mitarbeiters gerichtet und definieren die eigentlichen Leistungen des Personalbereiches. [69]

3.4.2.1.1 Personalbeschaffung und -auswahl

Die Aufgabe der Personalbeschaffung ist es, dem Unternehmen die benötigte Anzahl an Mitarbeitern unter Berücksichtigung qualitativer, quantitativer, zeitlicher und räumlicher Aspekte, zur Verfügung zu stellen. [70] Dabei kann das Unternehmen seine Mitarbeiter sowohl aus dem eigenen Unternehmen anwerben, als auch über den externen Markt rekrutieren. Die externe Personalbeschaffung ist jedoch sehr kosten- und zeitintensiv, weil in kurzer Zeit eine Vielzahl an Bewerbungen eingesehen, bewertet, bearbeitet und eventuell wieder abgelehnt werden müssen. Aufgrund der konsequenten Marktbeobachtung die diese Prozedur erfordert, kommt es zu einem hohen Personal- und Zeitaufwand. Darüber hinaus ist in den letzten Jahren eine deutliche Zunahme zu verzeichnen, die aufgrund der kostenfreien Möglichkeit zu E-Mail-Bewerbungen entstanden ist, und zusätzliche Kapazitäten zur Bearbeitung erfordert. Diese Aufgaben weisen einen hohen Standardisierungsgrad auf und lassen sich deshalb ohne erheblichen Aufwand durch externe Dienstleister erbringen. [71] Ein Teilgebiet der Personalbeschaffung ist die Personalauswahl. Hier wird geprüft, ob die Qualifikationen der Bewerber mit den Anforderungen für die vakante Stelle, übereinstimmen. [72] Für den Erfolg eines Unternehmens sind

---

68 Vgl. Schönenberg (2010), S. 23.

69 Vgl. Schönenberg (2010), S. 21f.; Oerting/Kohler (2010), S. 151f.

70 Vgl. Schreiber (2000), S. 354, Schönenberg (2010), S. 24.

71 Vgl. Weber/Mayrhofer/Nienhüser (1997), S. 199-202.; Wullenkord/Kiefer/Sure (2005), S. 67f.

72 Vgl. Becker (2002), S. 403.

qualifizierte Mitarbeiter als Träger von Kernkompetenzen von großer Wichtigkeit. Deshalb hat die Personalauswahl eine hohe strategische Bedeutung im Unternehmen.[73] Einige Teile des Personalauswahl-Prozesses eignen sich jedoch für eine Auslagerung, z. B. kann mit Hilfe eines Dienstleisters eine Vorauswahl der Bewerber getroffen werden, indem die Durchführung von Leistungs- und Persönlichkeitstests sowie Assessment-Centern fremdvergeben werden. Dadurch werden vorab geeignete Kandidaten für das auslagernde Unternehmen selektiert, die für die freie Stelle qualifiziert sind. Diese Leistungen werden insbesondere von Zeitarbeitsunternehmen und speziellen Personalberatern angeboten. Die tatsächliche Auswahl des geeigneten Kandidaten, sollte jedoch immer vom Unternehmen selbst getroffen werden, da nur intern das erwünschte Anforderungsprofil bekannt ist[74]

3.4.2.1.2 Personalbeurteilung

Bei der Personalbeurteilung wird der Mitarbeiter nach seinen Leistungen und seinem Verhalten beurteilt. Dies erfolgt in regelmäßigen Abständen durch einen Vorgesetzten. Die Personalbeurteilung gilt als ein Feedbacksystem und bildet eine Grundlage für Entwicklungs- und Lernprozesse.[75] Sie ist eine Führungsaufgabe und muss vom Linienmanagement durchgeführt werden. Lediglich die Entwicklung von Beurteilungssystemen oder das Coaching von Mitarbeitergesprächen, kann an externe Dienstleister delegiert werden. Da die Personalbeurteilung die persönliche Kommunikation zwischen Vorgesetzten und Mitarbeitern erfordert, sollte diese nicht fremdvergeben, sondern im Unternehmen selbst erbracht werden.[76]

3.4.2.1.3 Personalentwicklung und -training

Die Personalentwicklung soll den Erhalt und die Verbesserung der Qualifikationen aller Human Resources im Unternehmen sichern, die benötigt werden, um die gegenwärtigen und zukünftigen Anforderungen bewältigen zu können.[77] Ziel der Personalentwicklung ist das Bilden und Bewahren von Wettbewerbsvorteilen sowie die Erschließung neuer Märkte. Dies soll durch leistungsstarkes Personal realisiert werden.[78] Das Potenzial soll jedoch nicht durch neue Mitarbeiter aus dem externen Arbeitsmarkt aufgestockt werden, vielmehr soll das Unternehmen auf bereits vorhandene Human Resources zurückgreifen und den Aufbau der benötigten Fähigkeitspotenziale fördern.[79] Auf kurze Sicht weisen diese Maßnahmen jedoch keinen Mehrwert für das Unternehmen aus, was dazu führt, dass die Personalentwicklung als reiner Kostenfaktor negativ in die Gesamtbilanz des Unternehmens eingeht. Auf lange Sicht allerdings wirken sich diese zusätzlichen Investitionen positiv aus, da durch qualifizierte Mitarbeiter zusätzliches Wissen in das Unternehmen gelangt, was sowohl in der Gegenwart als auch in der Zukunft dazu beiträgt, dass das Unternehmen konkurrenzfähig gegenüber dem Wettbewerb bleibt.[80] Somit kann

---

73 Vgl. Meckl (1997), S. 391.
74 Vgl. Wullenkord/Kiefer/Sure (2005), S. 68.
75 Vgl. Nerdinger/von Rosenstiel (1997), S. 1002.
76 Vgl. Meier/Stuker/Trabucco (1997), S. 140f.; Schönenberg (2010), S. 27.
77 Vgl. Hentze/Kammel (2001), S. 339, Schönenberg (2010), S. 27.
78 Vgl. Büdenbender/Strutz (2003), S. 263.
79 Vgl. Lamers (1997), S. 28.
80 Vgl. Wullenkord/Kiefer/Sure (2005), S. 70.

die Personalentwicklung als ein Teil der Führungsaufgabe angesehen werden, da sie einen Beitrag dazu leistet, Mitarbeiter in die entscheidenden und organisatorischen Strukturen des Unternehmens zu integrieren.[81]

Um Kernkompetenzen aufbauen zu können, müssen die Mitarbeiter eines Unternehmens individuelle und kernkompetenzrelevante Qualifikationen entwickeln. Da die Personalentwicklung Einfluss auf die Kernkompetenzen einer Unternehmung nimmt, ist sie ein Teil des strategischen Managements und sollte deswegen zumindest hinsichtlich der Personalentwicklungsplanung, im Unternehmen selbst erbracht werden.

In den Bereichen *Training*, *Coaching* und *Fortbildung* arbeiten jedoch Unternehmen oft mit Dienstleistern zusammen. Insbesondere Seminarangebote und Fortbildungsprogramme für interne Mitarbeiter werden oft von externen Trainern am Markt bezogen. Diese profitieren von Größenvorteilen und verfügen über einen höheren Erfahrungsschatz bezüglich der Weiterbildungsangebote. Insgesamt beziehen viele Unternehmen ihre Fort- und Weiterbildungsmaßnahmen, sowie das Training und Coaching, kostengünstiger von externen Anbietern. [82]

Insgesamt ist die komplette Auslagerung der Personalentwicklung aufgrund ihrer hohen strategischen Bedeutung im Unternehmen nicht zu empfehlen, lediglich einzelne Teilaufgaben mit einem geringeren Strategiebezug, können an externe Dienstleister vergeben werden.

3.4.2.1.4 Talentmanagement

Beim Talentmanagement geht es um das Erkennen, Aussortieren, Fördern, Einsetzen und Binden von Mitarbeitern mit herausragenden Fähigkeiten an das eigene Unternehmen, mit dem Ziel erfolgsentscheidende Positionen im Unternehmen zu besetzen. Jedoch sind dabei nicht ausschließlich junge Nachwuchstalente im Fokus der Unternehmen, sondern alle Kandidaten die ein hohes Potenzial versprechen (sogenannte *High Potentials*). Das Talentmanagement trägt einen großen Beitrag zur strategischen Zukunftssicherung der Organisation bei und ist dadurch eine Kernleistung des HR-Bereiches. Ein Outsourcing ist aufgrund der strategischen Bedeutung nicht zu empfehlen, ausschließlich Unterstützungsprozesse können nach außen verlagert werden.[83]

3.4.2.1.5 Personalfreisetzung

Die Personalfreisetzung befasst sich mit der Auflösung von Arbeitsverhältnissen, sowie den damit verbundenen betrieblichen und sozialen Konsequenzen. Das beinhaltet jede Kürzung der überschüssigen Personalkapazitäten.[84]

Die Personalfreisetzung hat nur einen geringen Einfluss auf das strategische Personalmanagement und lässt sich zudem leicht standardisieren, was folglich für ein Outsourcing spricht. Viele Unternehmen in diesem Segment bieten

---

81 Vgl. Becker (2002), S. 417.

82 Vgl. Wißkirchen (1999), S. 138f.; Wullenkord/Kiefer/Sure (2005), S. 70f.; Meckl (1997), S. 391.

83 Vgl. Schönenberg (2010), S. 30ff.

84 Vgl. Jung (1995), S. 308; Schönenberg (2010), S. 34.

heutzutage umfassende Leistungspakete an, von der Ausformulierung der Kündigungsschreiben, über die rechtssichere Umsetzung von Arbeitszeugnissen, bis hin zur Gesprächsführung mit den betroffenen Parteien. Insbesondere bei Rechtsfragen werden zunehmend externe Berater engagiert.[85]

Insgesamt eignet sich der Bereich der Personalfreisetzung gut für ein Outsourcing.

3.4.2.2 HR-Managementprozesse

Bei den Management- bzw. Führungsprozessen geht es darum, die Grundsätze und Regeln für das Personalmanagement festzulegen. Zu klären sind dabei Themen wie die HR- Strategie, HR-Controlling und das HR-Organisationsmanagement.
In den folgenden Absätzen werden die Managementprozesse des HR-Bereichs hinsichtlich ihrer Outsourcing-Fähigkeit untersucht:

3.4.2.2.1 HR-Strategie

In der Personalstrategie werden die langfristigen Ziele der Personalabteilung und -politik festgesetzt, sowie die Instrumente und Maßnahmen zur Zielerreichung definiert. Außerdem wird ein struktureller Rahmen geschaffen, der zur Leistungsverbesserung des eingesetzten Personals beitragen soll. Da es sich bei diesem Prozess um eine HR-Kernleistung handelt, ist eine dauerhafte Auslagerung dieser Funktion ausgeschlossen. Lediglich eine Zuhilfenahme von externen Beratern erscheint in der Projektphase eine sinnvolle Möglichkeit für das Unternehmen dazustellen, zusätzliche Unterstützung von außen bei wichtigen Entscheidungen einzuholen.[86]

3.4.2.2.2 HR-Controlling

HR-Controlling bezeichnet ein innerbetriebliches Planungs- und Kontrollsystem, das zur Steuerung des Personalbereichs beiträgt, indem es die Umsetzung von Personalstrategien und die dazugehörigen Maßnahmen überwacht.[87] Daraus können folgende Schwerpunkte ausgewiesen werden: [88]

- **Planungsfunktion**: unterstützt die Planungs- und Entscheidungsabläufe im Personalwesen
- **Steuerungsfunktion**: erhebt systematisch relevante Kennzahlen, um den Personaleinsatz zielgerecht steuern zu können)
- **Kontrollfunktion**: kontrolliert die Arbeit der Personalabteilung hinsichtlich des Erfolges

Das HR-Controlling ist nicht nur als reine Informationsfunktion wahrzunehmen. Zusätzlich plant, steuert und überwacht sie personalwirtschaftliche Prozesse, nicht nur unter Berücksichtigung der Kosten,

---

85 Vgl. http://www.personalia-gmbh.de/administration_/administration/modul_3.htm, Stand 07.03.2012)
86 Vgl. Schönenberg (2010), S. 35f.
87 Vgl. Weber(1995), S. 94.
88 Vgl. Büdenbender/Strutz (2003), S. 260.

sondern ebenso hinsichtlich der Effizienz und Effektivität der Aktivitäten. Das Personalcontrolling ist ein wichtiges Steuerungsorgan sowohl im Personalbereich, als auch im gesamten Unternehmen und stellt folglich einen Teil der strategischen Personalarbeit dar und zählt zu den wesentlichen Kernkompetenzen des Personalmanagements.[89]

Da das HR-Controlling eine strategische Funktion des Unternehmens darstellt, muss sie intern erbracht werden und sollte nicht an externe Anbieter weitergegeben werden.[90] Lediglich Auswertungen, sowie die Beschaffung von relevantem Datenmaterial, das zur Qualitätssicherung benötigt wird, können an externe Dienstleister delegiert werden. Die Dateninterpretation und die Ableitung von Datenempfehlungen, sowie die tatsächliche Entscheidungsmacht, sollten unternehmensintern bleiben.[91]

3.4.2.2.3 HR-Organisationsmanagement

Das HR-Organisationsmanagement befasst sich mit der Bereitstellung standardisierter Hilfsmittel, die zur Realisierung von Projekten und zur Gestaltung von Prozessen notwendig sind. Dazu gehört auch die Aufbereitung von Daten und Informationen aus durchgeführten Analysen und Auswertungen, die beim Vorstand bzw. bei der Geschäftsleitung abgegeben werden müssen. Da sich Prozesse aufgrund der Vielzahl an internen und externen Einflüssen ständig verändern, ist eine permanente Anpassung notwendig. Eine professionelle Aufbereitung der Daten ist jedoch sehr zeitintensiv im Tagesgeschäft der HR-Abteilung und somit kaum zu bewältigen. Diese Aktivitäten können deshalb ohne weiteres von einem externen Dienstleister erbracht werden. Die Aufgabe des Personalmanagements sollte nämlich weniger in der Aufbereitung der Daten liegen, sondern vielmehr in der Interpretation. Dabei darf die Prozessverantwortung auf keinen Fall ausgelagert werden. Lediglich für Teilaufgaben können externe Berater herangezogen werden.[92]

3.4.2.3 HR-Supportprozesse

Damit HR-Kernprozesse reibungslos funktionieren, sind unterstützende Maßnahmen erforderlich, um diese Leistungserbringung überhaupt zu gewährleisten. Im Folgenden werden das HR-Informationsmanagement und die HR-Administration als zentrale unterstützende Maßnahmen vorgestellt und auf ihre Outsourcing-Fähigkeit untersucht.

3.4.2.3.1 HR-Informationsmanagement

Das HR-Informationsmanagement ist eine unterstützende Maßnahme zur Zielerreichung der strategischen Personalarbeit. Der Verantwortungsbereich liegt in der Konzeption, Durchführung und Steuerung von Informationen sowie in der Kommunikation innerhalb einer Organisation. Dabei muss zunächst der Informationsbedarf erfasst, sowie das Angebot an Informationen geplant werden. Danach sollen die relevanten Informationen für alle

---

89   Vgl. Schmeisser/Clermont (1999), S. 132.
90   Vgl. Engeser/Hess/Katzensteiner (2004), S. 97.; Schönenberg (2010), S. 37.
91   Vgl. Schönenberg (2010), S. 36f.

92   Vgl. Schönenberg (2010), S. 37f.; Wullenkord/Kiefer/Sure (2005), S. 66.

Organisationsmitglieder, in technisch logischer sowie rechtlich korrekter Form, verfügbar gemacht werden. Zuletzt gilt es, die Informationsversorgung zu organisieren, also die Datenpflege und die Informationsnutzung zu regeln. Sofern das Informationsmanagement als Steuerungsfunktion im Unternehmen agiert, muss der Prozess im Unternehmen selbst erbracht werden. Dies gilt auch dann, wenn das Unternehmen IT-Systeme von außerhalb bezieht. Zum Outsourcing geeignet wären zeitaufwändige und strategisch nicht-relevante Aktivitäten wie z. B. die Datenpflege und -erfassung, die physische Archivierung und Digitalisierung von Akten und Dokumenten, sowie die Einrichtung von Zugriffsberechtigungen in den jeweiligen Systemen.[93]

3.4.2.3.2 HR-Administration

Bei der HR-Administration sind alle verwaltenden und ständig wiederkehrenden Aufgaben, die den Menschen als Arbeitnehmer betreffen, zusammengefasst.[94] Die administrativen Funktionen besitzen einen geringen Strategiebezug, da fast ausschließlich dokumentierende und verwaltende Tätigkeiten durchgeführt werden. Diese ergänzen, unterstützen und koordinieren die anderen Personalmanagementaufgaben.[95] Gekennzeichnet sind die Aufgaben der Personaladministration durch ihre hohe externe Regelungsdichte, wie z. B. steuerliche und sozialversicherungsrechtliche Bestimmungen, die zu einem hohen Verwaltungsaufwand beitragen können.[96]

Als die klassische Aufgabe der Personaladministration gilt die Lohn- und Gehaltsabrechnung. Hier werden für alle Mitarbeiter einer Unternehmung die Lohnabrechnungen elektronisch erfasst und erstellt.[97] Weitere Aufgaben der Personaladministration sind u. a. die Personalkostenabrechnung, das Berichtswesen, das gesamte Vertragswesen, die Personalaktenführung und die Zeitwirtschaft.[98]

Die Aufgaben der HR-Administration sind i. d. R. wenig spezifisch, besitzen einen hohen Standardisierungsgrad und stellen keine Kernkompetenz der Unternehmung dar, da sie nur einen geringen Strategiebezug aufweisen. Darüber hinaus verfügen Outsourcing-Anbieter sowohl bei der Lohn- und Gehaltsabrechnung, als auch bei Personalverwaltungsaufgaben, über ein erhöhtes Fachwissen. Dies ist darauf zurückzuführen, dass Dienstleister über einen sehr ausgeprägten Erfahrungsschatz im Bereich der Personaladministration disponieren, da diese Aufgaben zu den Kernkompetenzen der Anbieter zählen.[99] Somit liegen in der Personaladministration sowohl der Ursprung, als auch der Schwerpunkt, des HR-Outsourcings.[100]

Durch die Nutzung externer Dienstleistungen, können Unternehmen ihre administrativen Prozesse verschlanken und gleichzeitig Raum für die Bearbeitung personalwirtschaftlicher Kernaufgaben wie z. B. die Personalbeurteilung schaffen.

---

93 Vgl. Schönenberg (2010), S. 42f.
94 Vgl. Jung (2005), S. 6.
95 Vgl. Lamers (1997), S. 30.
96 Vgl. Schönenberg (2010), S. 43.
97 Vgl. Drumm (2005), S. 381.
98 Vgl. Wullenkord/Kiefer/Sure (2005), S. 64; Krüger (2005), S. 58.
99 Vgl. Lamers (1997), S. 198.; Wullenkord/Kiefer/Sure (2005), S. 64.
100 Vgl. Schönenberg (2010), S. 43.

4 Der HR-BPO-Markt in Deutschland

4.1 BPO im Vergleich zum klassischen Outsourcing

Im folgenden Kapitel wird ein Vergleich zwischen konventionellem Outsourcing und den neuen Aspekten des *Business Process Outsourcing* (BPO) angestellt, gefolgt von einer Analyse des deutschen HR-BPO-Marktes.

Schon im 19. Jahrhundert haben Unternehmen ganze Dienstleistungsprozesse aus den Bereichen Buchhaltung, Logistik, Finanzwesen und Recht an externe Dienstleister ausgelagert, folglich ist die Idee des BPO nicht neu, sondern erlebt besonders im HR-Bereich gerade ihr Come-back.[101]

Eine Neuerung des Business Process Outsourcing im Vergleich zum klassischen Outsourcing, liegt in der Verwendung von *Service-Level-Agreements* (SLAs): Über die zu erbringenden Dienstleistungen werden vorab Vereinbarungen zwischen dem auslagernden Unternehmen und dem Dienstleister getroffen. Durch die Nutzung von Service-Level-Agreements wird in den BPO-Verträgen die vereinbarte Service-Qualität schriftlich fixiert. Diese Methode erweist sich als vorteilhaft gegenüber herkömmlichen Dienstleistungsverträgen. Die Dienstleister sind dazu verpflichtet sich an die festgelegten SLAs zu halten und die Dienstleistungen in der vorgesehenen Qualität zu erbringen. Bei Nichteinhaltung der SLAs, beispielsweise aufgrund von zeitlichen Verspätungen oder Qualitätsdefiziten, drohen dem Anbieter Vertragsstrafen.[102]

Anders als beim konventionellen Outsourcing wird beim BPO die Leistungstiefe und nicht die Fertigungstiefe optimiert und es werden ganze Geschäftsprozesse ausgelagert. Ausschlaggebend für die neue BPO-Welle sind die stetigen Weiterentwicklungen im IT-Bereich, wodurch viele neue Anbieter auf den Markt erschienen sind, die IT-gebundene Verfahren und Prozesse anbieten für die es bislang aber keine Auslagerungsmöglichkeiten gab. Abweichend vom klassischen Outsourcing ist hier der Dienstleister allein für die technische Umsetzung zuständig. Das auslagernde Unternehmen trägt keinerlei Verantwortung für die Erbringung der Dienstleistung, die Infrastruktur oder für die Datenverarbeitung, sondern erhält lediglich die Prozessergebnisse, ohne bei der Durchführung beteiligt gewesen zu sein.[103]

4.2 Der HR-BPO-Markt

Im Vergleich zum internationalen Markt für Business-Process-Outsourcing hat sich der deutsche BPO-Markt nur sehr langsam entwickelt. In den USA und in Großbritannien ist das Konzept des BPO bereits seit mehr als zehn Jahren sehr erfolgreich, wohingegen es in Deutschland noch in der Anfangsphase steckt.[104]

---

101 Vgl. Grimme, (2004b)
102 Vgl. Söbbing (2005), S. 31ff.

103 Vgl. Mayer/Söbbing (2004), S. 30.
104 Vgl. Grimme (2004a); Studie des Offshoring Institutes (2009), S. 2ff..

4.2.1 Der HR-BPO-Markt in Zahlen

Grundsätzlich lässt sich der internationale BPO-Markt folgendermaßen darstellen: Den am Weitesten entwickelten Markt findet man in den USA, hier hat er bereits einen hohen Reifegrad erreicht. Dort existieren viele Dienstleistungsanbieter die nahezu alle Prozesse der Personalarbeit übernehmen könnten. In Europa hingegen ist der Markt gespalten, so gilt das HR-Outsourcing in Großbritannien und in den Benelux-Staaten mittlerweile als Regelmäßigkeit und nicht mehr als Sonderfall, überwiegend werden hier die Abwicklung von Lohn- und Gehaltsabrechnungen wird outgesourct. In den USA und in Großbritannien gelten die Payroll-Dienstleistungen sogar als Commodity, also als Standard-Dienstleistungen. Deutsche Unternehmen sind in dieser Hinsicht zurückhaltender.[105] Insgesamt gibt es kaum einen Anbieter der alle Personalprozesse bei gleichbleibend hoher Qualität europaweit anbieten kann. Der asiatische Markt ist im internationalen Vergleich am Wenigsten weit fortgeschritten.[106] Die wesentlichen Entwicklungen im BPO-Markt werden von Unternehmen aus den USA und aus Großbritannien, sowie von weltweit agierenden Großunternehmen angetrieben. Die anderen europäischen Märkte sind weniger treibende Kräfte in diesem Marktfeld.[107]

Als Gründe für die Zurückhaltung deutscher Unternehmen hinsichtlich des Outsourcings von Personalprozessen werden u. a. die einschränkenden rechtlichen und politischen Rahmenbedingungen genannt. Zudem lässt sich eine skeptische und negative Einstellung zum HR-BPO in vielen nationalen Unternehmen registrieren. Die Angst vor möglichen Kontrollverlusten spielt dabei eine tragende Rolle. Aber auch auf der Dienstleisterebene gibt es noch Verbesserungsbedarf. Einerseits sind die internationalen BPO-Anbieter noch nicht ausreichend auf den deutschen Markt eingestimmt, andererseits ist der nationale Markt sehr intransparent und fragmentiert.[108]

Zuverlässige Zahlen und Daten über das HR-BPO in Deutschland gibt es im Vergleich zur USA in einem weit geringeren Ausmaß. Dies ist darauf zurückzuführen, dass in Deutschland, im Gegensatz zu den USA, Outsourcing-Verträge nicht in den Geschäftsberichten der Unternehmen veröffentlicht werden müssen, was ein Grund für die Intransparenz des deutschen Marktes ist. Das führt dazu, dass Unternehmen ihre BPO-Umsätze selten offen darlegen, da sie nicht dazu verpflichtet sind. Folglich kann der deutsche BPO-Markt nicht präzise eingeschätzt werden.[109] Dennoch versuchen Analysten und Outsourcing-Dienstleister die HR-BPO-Aktivitäten auch in Deutschland weiterhin so gut wie möglich zahlenmäßig zu erfassen. Viele BPO-Anbieter und unabhängige Marktforschungsinstitute haben mittlerweile einige aussagekräftige Studien veröffentlichen können.[110]

---

105 Vgl. Schenk (2011)

106 Vgl. Hermes/Schwarz (2005), S. 94.

107 Vgl. Gross/Bordt/Mussmacher (2006), S. 52.

108 Vgl. Studie des Offshoring Instituts (2009), S. 4f. (Stand 07.03.2009).

109 Vgl. Studie des Offshoring Instituts (2009), S.4.

110 Vgl. u. a. Studie des Offshoring Instituts (2009), Studie der EDS in Zusammenarbeit mit PAC (2006), Studie von Kienbaum (2010).

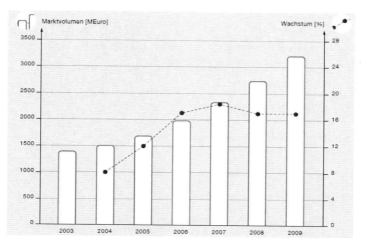

Abb. 4: BPO-Marktvolumen in Deutschland 2003-2009[111]

Wie in der Abbildung sichtbar, ist das BPO-Marktvolumen seit 2003 stetig gewachsen. Als Antrieb des BPO-Wachstums zählen u. a. der verstärkte Wettbewerbsdruck aufgrund der Globalisierung, sowie die Weiterentwicklung der Informations- und Kommunikationstechnologien.[112] Diverse Studien verschiedener Marktforschungsinstitute, u. a. die Studie der EDS in Zusammenarbeit mit PAC zum Thema Business Prcocess Outsourcing in Deutschland aus dem Jahr 2006, haben für die letzten Jahre einen regelrechten Boom für das Business-Process-Outsourcing vorausgesagt. Zwar ergeben sich hinsichtlich des ermittelten Marktvolumens und der Wachstumsmöglichkeiten in den einzelnen Studien große Schwankungen - jedoch kommen sie alle zum selben Ergebnis: Alle Studien sind sich darüber einig, dass das Wachstumspotenzial für den deutschen BPO-Markt sehr hoch ist.[113] Laut Prognose des *Offshoring Institutes* im Jahr 2010, beträgt die Summe für das vertraglich festgehaltene BPO-Marktvolumen in Deutschland aktuell knapp 2 Mrd. Euro. Jedoch wird der geschätzte Wert des outsourcing-fähigen Volumens für alle Verwaltungsprozesse, zu denen das HR-Management, Finance & Accounting und das Beschaffungswesen gehören, selbst in vorsichtigen Schätzungen auf bis zu 33 Mrd. Euro geschätzt. Unter Anbetracht dieser Schätzungen verfügt der deutsche Business-Process Outsourcing Markt über ein gewaltiges Wachstumspotenzial.[114] In der Praxis jedoch sind die Wachstumsprognosen der Marktforschungsinstitute bisher nicht ganz erfüllt worden, was u. a. auch mit der Unsicherheit der deutschen Unternehmen gegenüber dem Outsourcing, sowie den Defiziten in der Praxis zusammenhängt. Nichtsdestotrotz soll der Umfang der BPO-Verträge in Deutschland im Jahr 2009 ca. 1-2 Mrd. Euro betragen haben, was zwar deutlich

111 Quelle: Studie EDS in Zusammenarbeit mit PAC (2006), S. 10.
112 Vgl. Cottone/Waitzinger (2005), S. 266.
113 Vgl. Wullenkord/Kiefer/Sure (2005), S. 10.
114 Vgl. Studie des Offshoring Institutes (2009), S. 2ff.

unter den Erwartungen der verschiedenen Analysten liegt, aber dennoch die Bereitschaft der Unternehmen zum BPO zeigt.[115]

In einer aktuellen Studie beziffert das führende Marktforschungsinstitut für BPO, *NelsonHall*, ein durchschnittliches jährliches Wachstumspotenzial von 7,2 % auf dem deutschen BPO-Markt bis zum Jahr 2013. Im Rahmen der Verwaltungsprozesse ist sogar ein jährliches Wachstum von bis zu 9,2% zu erwarten. Für den HR-Outsourcing-Bereich sagt *NelsonHall* bis zum Jahr 2013 einen jährlichen Anstieg von 6% voraus.[116] Ein Anstieg von HR-Outsourcing auf dem deutschen Markt lässt sich somit eindeutig erkennen.[117]

4.2.2 Der Anbieter-Markt

4.2.2.1 Anbieter auf dem Markt

Die Analyse des BPO-Anbietermarktes wird durch sein stetiges Wachstum erschwert. Dabei gibt es die großen Konzerne, die seit Längerem international im BPO-Geschäft mitmischen und viele kleine Anbieter, die täglich dem Markt beitreten und versuchen, dort Fuß zu fassen. Zusätzlich beeinträchtigt die funktionale Spezialisierung der Dienstleister eine Markt-Analyse. Große Anbieter bemühen sich die gesamte BPO-Palette auf dem Markt anzubieten, kleinere Dienstleister wiederum sind meist auf einen bestimmten Schwerpunkt wie z. B. Human Resources oder Finance & Accounting spezialisiert.[118]

Der Anbietermarkt in Deutschland erweist sich bisher als sehr heterogen und noch wenig gefestigt. Wie bereits in Kapitel 4.2.1 erläutert, lässt sich der Markt vor Allem lediglich unzureichend analysieren, weil nur wenige Unternehmen ihre genauen BPO-Umsätze öffentlich angeben.[119] Dennoch ist in den letzten Jahren insbesondere im Bereich der Gehaltsabrechnung ein erhebliches Wachstum zu verzeichnen, was überwiegend den positiven Erfolgen aus der Vergangenheit zu verdanken ist, die in der bisherigen Auslagerung der Lohn- und Gehaltsabrechnung realisiert wurden. Hauptsächlich Personaldienstleister, Software-Hersteller und Rechenzentren sind typische Anbieter dieser Dienste.[120]

Die größten Anbieter in Deutschland (siehe Tabelle unten) sind oft ausgegliederte Shared-Service-Center von großen deutschen Konzernen, beispielsweise *Arvato Services*, das Tochterunternehmen der *Bertelsmann AG*, sowie *Bayer Business Services*, *Lufthansa Systems* oder die *Volkswagen*-Tochter *Autovision*. Diese konzernzugehörigen Unternehmen, auch captive Unternehmen genannt, erwirtschaften meist den größten Anteil ihres Umsatzes mit dem eigenen Mutterkonzern. Auf dem freien Markt schwanken die Umsätze mit anderen Kunden stark. Zu den größten nicht-captiven Anbietern in Deutschland zählen die *TDS HR Services & Solutions GmbH* und die *VRG HR GmbH*. Beide Dienstleister sind auf das BPO von Personalfunktionen spezialisiert und speziell auf den Bereich der Lohn- und Gehaltsabrechnung.

---

115 Vgl. Schmitt (2009)
116 Vgl. http://www.outsourcing-journal.org/markt/markt/542-german-market-for-onshore-services-ssc-a-bpo-in-medium-sized-enterprises-.html?lang= (Stand 07.03.2012)
117 Vgl. Tandler (2012), S. 26.
118 Vgl. Dressler (2007), S. 76.
119 Vgl. Studie der Lünendonk GmbH (2009), S. 6.
120 Vgl. Wißkirchen (2003), S. 56.

Der größte Anbieter in Deutschland, gemessen an der Zahl der monatlichen Lohn- und Gehaltsabrechnungen, ist jedoch die *Datev* die als eingetragene Genossenschaft eine Sonderform in der Anbieterlandschaft darstellt. Die Eigentümerschaft der *Datev e.G.* setzt sich aus mehr als 39.000 Mitgliedern zusammen. Der Großteil davon sind Wirtschaftsprüfer und Steuerberater. Diese erbringen ihre Leistungen für die *Datev e.G.* zum größten Teil durch IT-Dienstleistungen, BPO-Dienstleistungen und in Form von Software. So gesehen lässt sich die Arbeitsweise der *Datev* mit der eines captiven Unternehmens vergleichen, wobei die captiven Unternehmen ihre Umsätze in einem geschützten Binnenmarkt realisieren, wohingegen die Mitglieder der *Datev e.G.* ihre Umsätze im freien Markt bei unabhängigen Firmenkunden erwirtschaften.[121]

Die folgende Tabelle dient dazu, einen besseren Überblick über die großen HR-BPO-Dienstleiter mit Sitz in Deutschland zu verschaffen:

---

121 Vgl. Studie der Lünendonk GmbH (2009), S. 6f.; Lüerßen (2010)

Unternehmen	Unternehmenssitz	Gesamtum-satz in Mio. Euro in D 2008	captiv
aeveo	München	<8,0*)	
Autovision	Wolfsburg	346,0	captiv
BASF IT Services	Ludwigshafen	412,0	captiv
Bayer Business Services	Leverkusen	715,0	captiv
Bebit	Mannheim	25,0	captiv
Datev e. G.	Nürnberg	649,7	
Gisa GmbH	Halle	80,6	
Hansalog	Ankum	16,0*)	
HRV Back Office Center GmbH	Leipzig	<8,0*)	
Newsource	Hannover	9,3*)	
ORGA IT Service & Beratung	Karlsruhe	28,0*)	captiv
Ratiodata	Münster	80,0*)	captiv
TDS AG	Neckarsulm	131,9	
Veda GmbH	Alsdorf	16,0*)	
VRG	Oldenburg	11,0*)	

Tab. 2: Internationale Anbieter mit Sitz in Deutschland. (Bei den Zahlen, die mit *) markiert wurden, handelt es sich um Schätzungen)[122]

Anhand dieser Graphik lässt sich deutlich erkennen, dass der Anteil captiver Dienstleister unter den größeren HR-BPO-Anbietern recht hoch ist.

---

122 Eigene Darstellung in Anlehnung an die Studie der Lünendonk GmbH (2009), S. 7.

Wie die folgende Graphik zeigt, zählen neben Dienstleistern deren Standorte sich in Deutschland befinden, auch Tochterunternehmen internationaler (IT-)Konzerne zu den wichtigen Teilnehmern am deutschen Markt:

Unternehmen	Unternehmenssitz	Gesamt-Umsatz in D 2008
Accenture	Bermudas	780,0*)
ADP	USA	68,0
Capgemini	Frankreich	674,0*)
CSC	USA	391,0
IBM Global Services	USA	2900,0*)
HCL	Indien	150,0*)
Hewitt Associates	USA	7,0*)
HP Services	USA	1900,0*)
Infosys	Indien	nicht bekannt
SD Worx	Belgien	11,0*)
Steria Mummert Consulting AG	Frankreich	239

Tab. 3: Internationale HR-BPO-Anbieter mit Tochterunternehmen in Deutschland. (Bei den Zahlen, die mit *) markiert wurden, handelt es sich um Schätzungen)[123]

Neben dem US-amerikanischen Spezialisten für HR-BPO, *ADP*, ist ebenso die BPO-Sparte von *HP Services* gut aufgestellt. Durch die Übernahme von *Triaton* im Jahr 2004 hat *HP* es geschafft[124], den Bereich BPO zu einem eigenständigen Geschäftsfeld zu entwickeln. Nachdem 2008 *HP* auch *EDS* übernommen hat, bieten sie zusammen eines der breitesten Produkt- und Dienstleistungsportfolios in der gesamten IT-Industrie an. Auch *IBM Global Services* hat seinen Business Process Outsourcing-Bereich ausgebaut. Der

---

123 Eigene Darstellung in Anlehnung an die Studie der Lünendonk GmbH (2009), S. 8.

124 Mit der Akquisition der Triaton-Gruppe, von der ThyssenKrupp AG, hat es HP geschafft, nicht nur sein Dienstleistungsangebot zu erweitern, sondern auch eine weitere Standorterschließung in Deutschland. Triatons Angebot umfasst Applikationen und maßgeschneiderte Lösungen und Services vom Consulting bis hin zum Outsourcing. Seit 2004 ist die Triaton GmbH eine 100%ige Tochter von HP.

Fokus von *IBM* liegt jedoch, ähnlich wie bei *CSC*, auf den internationalen Kunden.

Vergleicht man den Gesamtumsatz der Unternehmen mit dem darin enthaltenen Umsatz von BPO-Services, muss beachtet werden, dass insbesondere bei großen internationalen Service-Unternehmen der Anteil der BPO-Services, in Relation zum Gesamtumsatz sehr gering ist. Zumeist liegt der Beitrag des erwirtschafteten Umsatzes für BPO-Dienstleistungen unter fünf Prozent vom Gesamtumsatz der auf dem deutschen Markt erzielt wurde. Auch bei Dienstleistern die einen Gesamt-umsatz von mehr als einer Milliarde Euro auf dem deutschen Markt verzeichnen, ist die Wahrscheinlichkeit gering, dass mehr als 80 Millionen Euro aus dem Segment HR-BPO stammen.[125]

Eine Wende auf dem HR-Outsourcing-Markt zeichnet sich seit dem Jahr 2010 ab. Grund dafür sind vor Allem amerikanische Unternehmen deren Geschäftstätigkeiten sich international und somit auch europaweit auswirken. Es kam zu einer Konsolidierung aufgrund von neuen Geschäftspartnerschaften, die zu unerwarteten Zusammenschlüssen geführt haben. Beispielsweise hat der US-amerikanische-Dienstleister *NorthgateArinso*, als einer der weltweit führenden Anbieter für HR-Software und –Dienstleistungen, den HR-Management-Bereich des amerikanischen Anbieters *Convergys Employee Care* für insgesamt 85 Mio. US-Dollar übernommen, um so seine globale Marktposition und -präsenz zu stärken. Die Übernahme schließt Vermögenswerte inklusive der globalen HR-Dienstleistungen, sowie das gesamte Kundenportfolio der HR-Management-Sparte von *Convergys* ein.[126] Ebenso hatte der Drucker- und Kopierer-Spezialist *Xerox* die US-amerikanische Softwarefirma und Outsourcing-Dienstleister *ACS* erworben, um die eigene Angebotspalette zu erweitern. *Xerox* verfolgt das Ziel zu einem der führenden Anbieter von Systemen zur Dokumentenverwaltung und Geschäftsprozessen aufzusteigen.[127]

Den großen globalen Markt teilen sich diese Firmen mit *ADP, Accenture, IBM, Aon Hewitt, TCS, Infosys, Wipro* und *TDS*. Aufgrund der neuen Situation bleiben zwar insgesamt weniger Anbieter auf dem Markt, jedoch stehen die Unternehmen in einem verschärften Wettbewerb zueinander. Während sich US-amerikanische Dienstleister wie *ADP* und *NorthgateArinso* im europäischen Markt bereits gut positionieren können, sind beispielweise indische Anbieter weniger erfolgreich.[128]

Insgesamt hat sich der BPO-Markt in Deutschland, im Gegensatz zum führenden IT-Outsourcing-Markt, noch nicht so weit entwickelt. Jedoch gibt es mittlerweile auch hierzulande einige spezialisierte Dienstleister für den Bereich HR. Häufig sind es IT-Unternehmen, die ihr Tätigkeitsfeld ausgeweitet haben und nun auch BPO-Services anbieten. Die Zahl der kleineren Service-Provider in Deutschland hat ebenfalls zugenommen. Nennenswerte Anbieter sind die *TDS HR Services & Solutions GmbH* oder auch die *HRV*. Der Markt ist aber immer noch sehr fragmentiert und kaum gefestigt.[129] Zu den führenden HR-

125 Vgl. Studie der Lünendonk GmbH (2009), S. 8.

126 Vgl.   http://www.competence-site.de/NorthgateArinso-staerkt-globale-Praesenz-durch-Uebernahme-Human-Resources-Sparte-Convergys (Stand 07.03.2012); Wolfsteiner/Stockton (2011).

127 Vgl.   http://www.focus.de/digital/computer/computer-xerox-darf-softwarefirma-acs-uebernehmen_aid_472247.html (Stand 07.03.2012); Wolfsteiner/Stockton (2011).

128 Vgl. Wolfsteiner/Stockton (2011)

129 Vgl. Studie des Offshoring Institutes (2009), S. 6.

Outsourcing-Anbietern im deutschen Markt zählen u. a. *ADP, ACS, EDS, GISA, HP, IBM, KWP, Perkura, Siemens, TDS, VRG, ORGA, itIT2* und *altrocCentric*.[130] Einen genauen Überblick über die Anbieter und Personaldienstleister des deutschen HR-Outsourcing-Marktes, bietet die Anbieterübersicht im Sonderheft *HR-Outsourcing* der Fachzeitschrift *Personalwirtschaft*.

4.2.2.2 Auswahl des richtigen Outsourcing-Partners

Wenn sich ein Unternehmen für eine Auslagerung entschieden hat, stellt sich zunächst die Frage an wen die Funktion bzw. der Prozess vergeben werden soll. Die Wahl des richtigen Dienstleisters ist überaus wichtig für den Erfolg des Outsourcing-Projektes. Die Schwierigkeit dieser Aufgabe liegt darin kompetente und vertrauensvolle Partner zu finden. Die Anforderungen die Unternehmen an Dienstleister stellen sind sehr vielfältig. Neben Zuverlässigkeit, Kommunikationsstärke, Verantwortungsbewusstsein, Unternehmensgröße und örtlicher Nähe, erwarten Firmen von Dienstleistern zusätzlich ein tiefes und breites Leistungsspektrum, transparente Angebote sowie gutes Branchenwissen, langjährige Projekterfahrung und aussagekräftige Referenzen.[131]

Daneben sollten mehrere Faktoren berücksichtigt werden, die dazu dienen können die Entscheidung für einen potenziellen Anbieter zu erleichtern:[132]

Das **Preis- und Dienstleistungsniveau** des Outsourcing-Anbieters muss genau analysiert werden. Dabei gilt es nicht den billigsten Anbieter auszuwählen, sondern auch die Dienstleistungsqualität, Produktivität, Durchlaufzeit und die Verfügbarkeiten zu berücksichtigen, um einen angemessenen Preisvergleich zu ermöglichen.

Der **operative Rahmen** des Outsourcing-Anbieters sollte durch persönliche Besuche vorab hinreichend untersucht werden. Dadurch soll das Unternehmen feststellen ob es zu Übereinkünften mit dem Dienstleister kommt, z. B. hinsichtlich der Arbeitsweise, und eine langfristige Zusammenarbeit möglich scheint.

Als weitere Entscheidungsgrundlage kann die Referenz-Liste des potenziellen Dienstleisters dienen, die eine realistische Einschätzung der **Reputation** des externen Anbieters ermöglicht.

Der **Erfahrungsstand** des Outsourcing-Anbieters sollte hinreichend geprüft werden. Sowohl die Mitarbeitergruppen die bei dem Outsourcing-Vorhaben involviert sind, als auch die Ressourcen die vom Dienstleister angeboten werden sollten dabei überprüft werden. Ferner können auslagernde Unternehmen über Marktforschung und über Einzelgespräche jeden Anbieter genau kontrollieren.

Manche Unternehmen haben sich in bestimmten Bereichen stark weiterentwickelt und **Spezialwissen** aufgebaut, sodass es anderen Dienstleistern kaum möglich ist an diesen Wissensstand heranzukommen. Je spezifischer die auszulagernden Dienstleistungen sind, desto vorteilhafter kann dieser Wettbewerbsvorteil für ein Unternehmen werden.

---

130 Vgl. Baumgartner & Partner (2009), S. 3.
131 Vgl. Wullenkord/Kiefer/Sure (2005), S. 121f.
132 Vgl. Wullenkord/Kiefer/Sure (2005), S. 121ff.

Bei der Outsourcing-Entscheidung sollte auch darauf geachtet werden, wo sich der **Standort** des Dienstleisters befindet. Dabei gilt, dass je weiter der Standort des Outsourcing-Dienstleisters vom Sitz des Unternehmens entfernt liegt, desto schwieriger wird die Auslagerung für das Unternehmen.
Ebenso sollte das outsourcende Unternehmen vorab die **finanzielle Situation** des Outsourcing-Anbieters analysieren. Sicherer ist dabei meist eine Auslagerung an große Dienstleister. Diese haben tendenziell ausreichend finanzielle Mittel zur Verfügung um benötigte Ressourcen und Investitionen, z. B. in die technische Infrastruktur, tätigen zu können.

Folgt man den Ergebnissen der Kienbaum-Studie aus dem Jahr 2010 zum Thema HR-Outsourcing, sind laut den befragten Unternehmen folgende Entscheidungskriterien am wichtigsten für die Selektion des richtigen HR-Outsourcing-Partners:

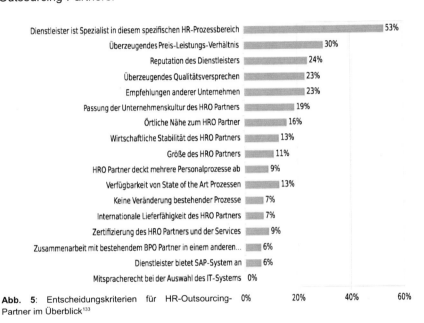

Abb. 5: Entscheidungskriterien für HR-Outsourcing-Partner im Überblick[133]

Die Auswahl eines Outsourcing-Dienstleisters ist ein kritischer Erfolgsfaktor für das Gelingen eines BPO-Projektes. Einerseits muss der Dienstleister über die erforderlichen Ressourcen verfügen um die Anforderungen des auslagernden Unternehmens erfüllen zu können, andererseits ist es für Dienstleister wichtig beim Kundenunternehmen eine hohe Akzeptanz zu erlangen, insbesondere weil es sich im HR-Outsourcing um den Austausch von sensiblen Daten handelt.[134]

---

133 Eigene Darstellung in Anlehnung an Kienbaum-Studie HR-Outsourcing (2010), S. 23.
134 Vgl. Wißkirchen (2003), S. 55.

4.2.2.3 Herkunft der Anbieter

Um ein erfolgreiches HR-Outsourcing zu ermöglichen ist es wichtig, dass stets professionelle Anbieter am BPO-Markt vorhanden sind. Wegen den hohen Wachstumsraten die für die nächsten Jahre im BPO zu erwarten sind, versuchen immer mehr Dienstleister sich auf dem Markt zu positionieren. Für Unternehmen die sich für eine Auslagerung im HR-Bereich entschieden haben, ist es schwer einen Überblick über die zahlreichen BPO-Dienstleister zu gewinnen. Um eine bessere Übersicht über die Anbieterlandschaft zu ermöglichen, haben Wullenkord, Kiefer und Sure die Dienstleister für Outsourcing-Leistungen kaufmännischer Funktionen in vier Kategorien eingeteilt:[135]

- **Traditionelle IT-Dienstleister** wie *IBM, Siemens Business Services, T-Systems, EDS, HP* oder *Triaton*, die durch ihre langjährigen Beziehungen zu Kunden angefangen haben auch kaufmännische Prozesse anzubieten. Diese Dienstleister dominieren den Markt und haben ihre Geschäftsmodelle vom klassischen bis hin zum Business-Process-Outsourcing weiterentwickelt. In dieser Sparte findet sich auch die *TDS-Gruppe* wieder, die in der IT-Beratung ihre Anfänge hatte und mittlerweile BPO-Services anbietet.
- **Unternehmensberatungs- und Wirtschaftsprüfungsgesellschaften** wie *Accenture, Capgemini, Deloitte Consulting, PricewaterhouseCoopers* oder *KPMG*. Diese Gesellschaften zeigen, dass durch die klassische Prüfungstätigkeit vielfältige Service-Dienstleistungen für langjährigen Kunden entwickelt werden konnten, die nun auch weltweit angeboten werden.
- **Prozessspezialisten** für den ganzen Personalbereich, wie *ADP, VGR* oder das *Bremer Rechenzentrum*. Der Geschäftszweck der Prozessspezialisten besteht in der Übernahme ausgelagerter Verwaltungsfunktionen.
- **Mittelgroße und kleinere Anbieter** wie beispielsweise *Administraight*, die bezüglich der Übernahme von Payroll-Prozessen branchenspezifisch bzw. branchenübergreifend agieren.

4.3 Fokus des HR-Outsourcing

4.3.1 HR-Outsourcing-Treiber

In vielen Unternehmensbereichen, wie z. B. in der IT und im Finance & Accounting, sind die Outsourcing-Diskussionen bereits relativ weit fortgeschritten. Der Personalbereich hat diese Thematik lange Zeit vermieden und sich mehr der Auslagerung von Lohn- und Gehaltsabrechnungen gewidmet.[136] Seit den 1990er Jahren lässt sich aber auch eine Steigerung des Outsourcings im HR-Bereich verzeichnen.[137] In der Praxis ist zu erkennen, dass tatsächlich eine Vielzahl von Personalaktivitäten bereits auf dem HR-Outsourcing-Markt angeboten und von den Unternehmen genutzt werden.

---

135 Vgl. Wullenkord/Kiefer/Sure (2005), S. 125f.

136 Vgl. Mez (1998), S. 159; Reichert (2005), S. 193f.

137 Vgl. Cooke/Shen/McBride (2005), S. 413; Voß/Chalupsky (1995), S. 68.

Dabei handelt es sich nicht nur um die Auslagerung administrativer Aufgaben, sondern auch oft um komplexe und hochwertige Prozesse die an einen externen Dienstleister ausgelagert werden, der mithilfe von qualifizierterem Personal, aktuellem Know-how und modernen Technologien einen Mehrwert erlangen kann.[138] Durch die steigende Nachfrage nach Personaldienstleistungen wächst auch das Angebot der Personaldienstleister, die Dienstleistungen für verschiedene Personalbereiche, wie z. B. für die Personalverwaltung, Personalentwicklung und Personalfreisetzung, anbieten.[139]
    Die folgende Graphik zeigt die treibenden Faktoren zur Outsourcing-Entscheidung anhand der Ergebnisse der *Kienbaum* Studie aus dem Jahr 2010 zum Thema HR-Outsourcing:

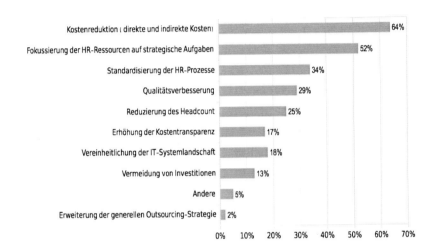

Abb. 6: Überblick über die HR-Outsourcing-Treiber[140]

    Es gibt viele Gründe die Unternehmen dazu bewegen Personalfunktionen und -prozesse auszulagern. Dabei spielen Kosten meist eine wichtige Rolle. Durch eine Auslagerung soll die Wertschöpfung des Unternehmens erhöht werden. Jedoch ist die Kostenreduktion nicht der einzige Antrieb der Unternehmen dazu veranlasst Personalaktivitäten an externe Unternehmen zu vergeben: Geschäftsprozesse sollen schneller und effektiver durchgeführt werden, wodurch dann im Gegenzug mehr Kapazitäten für das strategische Management freigesetzt werden sollen.[141]

---

138 Vgl. Shen (2005), S. 279; Matiaske/Kabst (2002), S. 249.
139 Vgl. Johst (2000), S. 166.

140 Eigene Darstellung in Anlehnung an die Kienbaum-Studie: HR-Outsourcing (2010), S. 18
141 Vgl. Schenk (2011)

4.3.2 Nachfrage nach HR-Outsourcing am Markt

Die Nachfrage der Unternehmen die HR-Prozesse auslagern möchten konzentriert sich derzeit primär auf die Auslagerung von personalwirtschaftlichen Gesamtlösungen, die die wertschöpfenden Prozesse in der Personalabteilung unterstützen und die Routine-Aufgaben verbessern.[142] Darunter fallen u. a. die Verwaltung von Seminaren, die Personalaktenführung, die betriebliche Altersversorgung, die Kommunikation mit Sozialversicherungsbehörden und Krankenkassen, sowie die Einführung eines Kontakt- und Service-Centers für Mitarbeiter und Pensionäre. Unternehmen, die diese komplizierteren Personalprozesse auslagern, haben meist schon Erfahrungen im HR-Outsourcing gesammelt, vorwiegend durch die Auslagerung der Lohn- und Gehaltsabrechnung.[143] Die folgende Abbildung gibt einen Überblick über die bereits ausgelagerten HR-Prozesse nach der HR-Outsourcing Studie des Consulting-Unternehmens Kienbaum:

Abb. 7: Überblick über die bereits ausgelagerten HR-Prozesse[144]

Anhand der Studie aus dem Jahr 2010 lässt sich erkennen, dass auch in der Praxis vor allem administrative Prozesse, die kaum bzw. wenig zur Wertschöpfung des Unternehmens beitragen, an externe Dienstleister ausgelagert werden.

---

142 Vgl. Siemann, (2012), S. 8.
143 Vgl. Lüerßen (2010)
144 Eigene Darstellung in Anlehnung an Kienbaum-Studie: HR-Outsourcing (2010), S. 22.

4.3.3 Leistungen und Leistungskomponenten am HR-Outsourcing-Markt

4.3.3.1 Leistungskomponenten im HR-Outsourcing

Wenn ein Unternehmen sich dazu entschieden hat eine oder mehrere Leistungen an einen externen Anbieter zu vergeben, muss es zwischen den entsprechenden Angeboten am Markt auswählen. Die Angebote am Markt sind recht unübersichtlich und vielfältig. Grundsätzlich reicht es nicht aus sich für die Auswahl nur auf das angebotene Handlungsfeld bzw. auf den Personalprozess, wie z. B. auf die Lohn- und Gehaltsabrechnung, zu beschränken. Weitergehend muss sich das Unternehmen Gedanken machen über die Art der Dienstleistung, die in Anspruch genommen werden soll. In der Regel werden folgende drei Arten von Dienstleistungen angeboten:[145]

- **IT-Systeme**: Der Outsourcing-Anbieter stellt dem auslagernden Unternehmen die technische Infrastruktur oder auch die Systeme zur Bearbeitung von HR-Aufgaben zur Verfügung, z. B. Software für die Seminarverwaltung und Archivierung, für die Personalakten und für das Bewerbermanagement. Aber auch die Wartung der HR-Software, sowie die Hardware-Auslagerung kann von Dienstleistern in diesem Bereich angeboten werden.
- **Personelle Kapazitäten**: Der Outsourcing-Anbieter führt in der Regel die operativen Aufgaben des Personalmanagements mit eigenem Personal durch, weshalb das Prozess-Know-how in der Regel beim Dienstleister bleibt. Ein Vorteil für das Unternehmen ergibt sich allerdings aus der Tatsache, dass mögliche Komplikationen auf Grund von internen Krankheitsausfällen und Urlaubstagen vermieden werden können.
- **Beratung oder externes Know-how**: Der Outsourcing-Dienstleister bietet dem auslagernden Unternehmen eine qualifizierte Beratung zur inhaltlichen Ausgestaltung der definierten Personalprozesse an. Das auslagernde Unternehmen profitiert so vom strategisch-konzeptionellen Wissen des Anbieters und nutzt sein hinzugewonnenes Know-how, um die eigenen Personalaufgaben mit den eigenen Ressourcen umzusetzen. Als Beispiele hierfür können die Entwicklung eines Gehaltsmodells, die Optimierung der Personalentwicklung, die Implementierung eines Bewerbermanagementsystems, sowie die Prozessoptimierung dienen.

Auf dem Markt sind sowohl Dienstleister zu finden deren Schwerpunkt auf jeweils einer dieser Leistungskomponenten liegt, als auch Anbieter, deren Leistungsangebot aus zwei oder sogar allen drei Leistungskomponenten besteht. Laut einer Tendenzbefragung der *DGFP*[146] lässt sich erkennen, dass die auslagernden Unternehmen zur Bewältigung unterschiedlicher Personalaufgaben, verschiedene Leistungskomponenten der Anbieter nachfragen:[147]

---

145 Vgl. Prinz (2009), S. 33f.

146 Die DGFP e.V. beschäftigt sich mit den aktuellen Themen des Personalmanagements und führt regelmäßig empirische Studien in diesem Themengebiet durch.

147 Studie der DGFP (2008), S. 9ff.

- **IT-Systeme** werden von den Unternehmen hauptsächlich für die Lohn- und Gehaltsabrechnung genutzt, aber auch zur allgemeinen Personalverwaltung, sowie bei der Personalauswahl und -rekrutierung. Diese Ergebnisse sind nicht überraschend, da sich die genannten Prozesse leicht standardisieren lassen und eine automatisierte Abwicklung ermöglichen.
- Externe **personelle Kapazitäten** kommen bei den befragten Unternehmen vor allem bei der Personalauswahl und -rekrutierung, im Training und in der Weiterbildung, als auch in den Bereichen Arbeitssicherheit und im Gesundheitsmanagement zum Einsatz. Zur Abwicklung dieser Prozesse werden sehr erfahrene Mitarbeiter bzw. ein spezifisches Netzwerk benötigt.
- Die **Beratung und das Know-how** der externen Partner wird vor allem in den Bereichen Training und Weiterbildung, Personalmarketing, Talentmanagement, Arbeitssicherheit und Gesundheitsmanagement, Personalauswahl und -rekrutierung, Personalentwicklung, sowie zur Konzeption von Vergütungssystemen nachgefragt.

Welcher Service von externen Partnern für welche Personalmanagement-Aufgaben genutzt wird, ist auch von der Größe des dienstleistenden Unternehmens abhängig. Beispielsweise ist die Nachfrage nach IT-Systemen für den Bereich Talentmanagement bei größeren Unternehmen höher als bei kleinen und mittleren Unternehmen. Laut den Ergebnissen der *DGFP*-Studie nutzen Unternehmen am häufigsten die personellen Kapazitäten der externen Anbieter (87%), gefolgt von der Beratungsleistungen (80%) und am Wenigsten die IT-Systeme (65%). Weiter lässt sich feststellen, dass ausschließlich bei der Personalauswahl und -rekrutierung, alle drei Komponenten regelmäßig und oft benötigt werden. Da es nicht jedem Dienstleister möglich ist alle drei Komponenten anzubieten, arbeiten externe Dienstleister oft in Netzwerken zusammen.[148]

Um eine Erleichterung der Prozess-Analyse bei Anwenderunternehmen zu ermöglichen und um anhand der Unternehmensanforderungen ein sinnvoll strukturiertes Dienstleistungsmodell gestalten zu können, hat die *TDS HR Services & Solutions GmbH* ein übersichtliches HR-Schichtenmodell entwickelt. Dieses soll die verschiedenen zusammenhängenden Prozessebenen in der Personalarbeit darstellen:

---

148 Vgl. Prinz (2009), S. 36ff.; Studie der DGFP (2008), S. 9ff.

Strategische Personalaufgaben	**Wertschöpfende Personalaufgaben** Personalentwicklung, Mitarbeiterauswahl und -bindung, Führungskräfteentwicklung, Personalplanung, Konzeption, Vergütungsmodelle, Begleitung von kulturellen und organisatorischen Änderungen, Berater der Geschäftsführung, Berater des Betriebsrats
Administrative Personalaufgaben	**Administrative Personalaufgaben** Zeugniserstellung, Arbeitsnachweise, Bewerberverwaltung, Personaländerungen, Schulungsmanagement, Personalaktenführung, betriebliche Altersvorsorge, Begleitung der Lohnsteuer-/Sozialversicherungsprüfung, Ansprechpartner für Mitarbeiter, Kommunikation mit den Krankenkassen und Sozialversicherungsbehörden, Mitarbeiteran-/abmeldung, Rückrechnung, Urlaubsmanagement, Arbeitsverträge, Disziplinarmaßnahmen **Payroll Services** Lohn- u. Gehaltskostenrechnung, Reisekostenmanagement, Arbeitszeiterfassung, Bescheinigungswesen, Führung der Abrechnungsakte
Unterstützende Funktionen	**Logistik** Druck, Kuvertierung und Versand der Lohn- und Gehaltsabrechnungen, Datenträgeraustausch **Application Service Providing** Pflege der Weiterentwicklung der Personalsoftware, Datensicherung, Release-Pflege, durchgängige Digitalisierung der HR-Prozesse

Abb. 8: Das HR-Schichtenmodell und enthaltene Services[149]

---

149 Eigene Darstellung in Anlehnung an Eggert/Lüerßen (2008), S. 30ff.

4.3.3.2 Payroll – Der Klassiker im HR-Outsourcing

Die Auslagerung der Lohn- und Gehaltsabrechnung, auch *Payroll* genannt, gehört im Personalmanagement bereits zu den Outsourcing-Maßnahmen mit dem größten Erfahrungswissen und der breitesten Anwendung. Bereits über 40% der deutschen Unternehmen gliedern derzeit die Lohn- und Gehaltsabrechnung aus der eigenen Personalabteilung an externe Dienstleister aus und entscheiden sich dadurch für eine Verschlankung der administrativen Personalprozesse. Schätzungsweise 12 Millionen Lohn- und Gehaltsabrechnungen werden in Deutschland durch externe Dienstleister erbracht.[150]

Die Angebote im Payroll-Outsourcing sind vielfältig. Allgemein werden sie in folgende drei Dienstleistungs-Klassen eingeteilt:[151]

- Dienstleistungen die ausschließlich die Personalabrechnung umfassen.
- Dienstleistungen die zusätzlich zu der reinen Gehaltsabrechnung weitere Zusatzleistungen, wie z. B. Druck, Kuvertierung und Versand der Abrechnungen, umfassen.
- Dienstleistungen die außerdem einen weiteren Service in Form von individuellen Ansprechpartnern beinhalten.

Obwohl sich die Abläufe in der Lohn- und Gehaltsabrechnung immer wiederholen, erfordern sie jeden Monat einen hohen Aufwand und binden dadurch einen Großteil der Ressourcen. Insbesondere die hohe Anzahl der manuellen Arbeitsschritte stellt sich für Unternehmen als zeitaufwändig und problematisch dar. Durch den Einkauf von intelligenten Software-Lösungen, wie zum Beispiel einer automatisierten Zeiterfassung, lassen sich hohe Effizienzsteigerungen im HR-Bereich realisieren, die dem Dienstleister zudem enorme Skalierungseffekte erlauben, welche im eigenen Unternehmen so nicht zu erzielen wären. Im Payroll-Bereich zählen u. a. folgende Aufgaben zu den gängigen Services der Dienstleister:[152]

- Ständige Pflege der Bewegungs- und Stammdaten
- Reisekostenmanagement
- Ansprechpartner für Mitarbeiter
- Begleitung von Betriebsprüfungen durch Finanzämter und Sozialversicherungsträger
- Kranken- und Urlaubsstatistik
- Durchführung der Lohn- und Gehaltsabrechnung mit zusätzlichen Kontrollberechnungen
- Beschaffung und Ausstellung von Bescheinigungen
- Verarbeitung von Zeiterfassungsdaten

Auf Grund des hohen Standardisierungsgrades der Entgeltabrechnung, ist es Anbietern gelungen Lösungen zu entwickeln, die in verschiedensten Unternehmen eingesetzt werden können. Anbieter von Payroll-Services können

---

150 Vgl. Wisskirchen (2003), S. 54., Studie der Lünendonk GmbH (2009), S. 4.
151 Vgl. Müldner/Bender (2005), S. 28ff.
152 Vgl. Eggert/Lüerßen (2008), S. 36f.

nahezu jedes Unternehmen, unabhängig von der Größe und der Branchenzugehörigkeit, bedienen.[153]
Vor allem für kleine Unternehmen mit weniger als 50 Mitarbeitern, ist das komplette Outsourcing der Lohn- und Gehaltsabrechnung bereits gängige Praxis. Kleine Unternehmen wie bspw. Handwerksbetriebe, die keine eigene Personalabteilung betreiben, lassen ihre Personalabrechnungen durch einen Steuerberater anfertigen. Die Steuerberater, die Mitglieder der *Datev e.G.* sind, erfassen die Gehaltsabrechnungen mit Hilfe einer speziell entwickelten Abrechnungs-Software.[154] Bezogen auf die monatliche Anzahl der Abrechnungsfälle ist die *Datev e.G.*, wie bereits in Kapitel 4.2.2.1 erläutert, der größte Anbieter auf dem deutschen Payroll-Outsourcing-Markt und gilt weiterhin als Vorbild für viele Personaldienstleister auf dem Payroll-Outsourcing-Markt.[155] Bei den Payroll-Anbietern auf dem deutschen HR-BPO-Markt, unabhängig von der *Datev e.G.*, führt die *TDS* mit monatlich mehr als 750.000 abgerechneten Personalstammsätzen, als stärkster Dienstleister den Markt für Gehaltsabrechnungen an.[156]

Allgemein gilt, dass je umfangreicher und komplexer die Lohn- und Gehaltsabrechnung eines Unternehmens ist, desto sinnvoller ist ein Outsourcing. Insbesondere deshalb, weil Dienstleister über besser ausgebildete Fachkräfte und über spezielle Software verfügen, die für Unternehmen in der Anschaffung nicht rentabel wäre.[157]
Trotz der Reife des HR-BPO-Marktes im Bereich des Payroll, gibt es auch in dieser Sparte weiterhin großes Ausbaupotenzial.[158] Insbesondere IT-Dienstleister erweitern konsequent ihr Leistungsportfolio um auslagernde Unternehmen mit immer mehr Diensten versorgen zu können.[159]

4.3.3.3 Recruitment Process Outsourcing – Der neue Trend auf dem HR-BPO-Markt

Ein neues Thema im HR-BPO-Markt ist das *Recruitment Process Outsourcing (RPO)*. Hierbei handelt es sich um die Auslagerung der Mitarbeiterrekrutierung. Es gibt HR-BPO-Anbieter, deren Kernkompetenz im effizienten Betrieb der transaktionskostenorientierten Personalprozesse liegt, diese bieten Dienstleistungen für den Teil des Bewerbermanagements an, der vor allem auf den Bewerbereingang, sowie die Unterlagenprüfung und die standardisierte Bewerberkommunikation, abzielt. Zusätzlich erscheinen auch integrierte und spezialisierte Dienstleister in den Markt, die beim RPO weiter gehen und sich auf das Rekrutierungsergebnis konzentrieren, also auf die Mitarbeitergewinnung und Personalvermittlung. Das Angebot der integrierten Personaldienstleister umfasst neben den durchgängigen (Online-) Prozessen des Bewerbungseingangs, auch das Führen von Bewerbungsgesprächen oder die Durchführung von Online Assessment Centern.[160]

---

153 Vgl. Schenk (2011)
154 Vgl. Lüerßen/Eggert/Hambrock (2004), S. 17; Scholtissek (2004), S. 35.
155 Vgl. Studie der Lünendonk GmbH (2009), S. 7; Lüerßen (2010); Lüerßen/Eggert/Hambrock (2004), S. 17;
     Scholtissek (2004), S. 35.
156 Vgl. Studie der Lünendonk GmbH (2010), S. 25.
157 Vgl. Krüger (2001), S. 57. (SCHULZ).

158 Vgl. Müller (2005); Studie der Lünendonk GmbH (2009), S. 4.
159 Vgl. Grimme (2004b)
160 Vgl. Lüerßen (2010a).

Insgesamt können nach einer Studie der HS Pforzheim folgende Hauptthemenfelder im RPO voneinander unterschieden werden:[161]

- **Intake:** Umfasst die Stellengenehmigung, das Erstellen eines Anforderungsprofils und einer Stellenausschreibung, sowie das Stellenmanagement im IT-System.
- **Sourcing**: Umfasst die Auswahl und Nutzung geeigneter Beschaffungskanäle, z. B. Zeitungsannoncen, Jobbörsen, Headhunting und Online-Netzwerke.
- **Handling**: Beinhaltet neben der Erfassung von Bewerbungen, auch die Bewerbungseingangsbearbeitung, die Bewerberkommunikation und die Bewerberhotline.
- **Erst Screening**: Beinhaltet die Vor-Selektion, die Anwendung von Testverfahren und die Dokumentenanalyse.
- **Selektion**: Beinhaltet Telefoninterviews, Assessment Center, Persönliche Interviews und Vorstellungsgespräche.
- **Onboarding**: Umfasst die Vertragserstellung und -verhandlung, die Vorbereitung für den Betriebsrat und die Organisation der Einführungsveranstaltung.

Anhand der Studien-Ergebnisse der im Jahr 2010 durchgeführten Studie der HS Pforzheim, ist feststellbar, dass unter den befragten Unternehmen bisher vor allem der Bereich *Sourcing* durch externe Dienstleister unterstützt wurde. Etwa 24% der befragten Unternehmen nutzten im Jahr 2010 bereits Dienstleistungen aus dem Bereich „Sourcing" und für die folgenden drei Jahre wird die Zahl laut Prognose auf ca. 30% ansteigen. Für Unternehmen die RPO-Dienstleistungen in Anspruch nehmen, steht vor allem das Thema Prozessqualität im Mittelpunkt. Hier erwarten Unternehmen aufgrund der hohen Professionalität der Dienstleister eine signifikante Verbesserung der Bewerberqualität. Ähnlich verhalten sich die Ergebnisse im Bereich *Erst Screening*. Auch hier arbeiten knapp 9% der befragten Unternehmen mit einem externen Anbieter zusammen, wobei sich die Zahl in den nächsten drei Jahren auf 15% erhöhen soll. Unternehmen erhoffen sich auch hier, durch die steigende Qualität im Screening, mehr Qualität bei den Bewerbern. Im Prozessschritt *Handling* vertrauten 2010 über 8% der Unternehmen auf externe Dienstleister. Diese Zahl soll sich innerhalb der folgenden drei Jahre auf ca. 14% steigern. Hier sind für Unternehmen insbesondere effiziente Abläufe und die Bindung interner Ressourcen wichtig. Auch im Bereich der *Selektion* lässt sich ein Trend zum weiteren Outsourcing erahnen. Im Jahr 2010 nutzten ca. 6,5% der teilnehmenden Unternehmen Selektions-Dienstleistungen externer Anbieter, was auf 10% in den darauffolgenden Jahren ansteigen soll. Dieser Trend wird u. a. durch die steigende Professionalisierung im Bereich der Selektion begründet. Im Themenfeld *Intake* lassen lediglich 1,75% der befragten Unternehmen einzelne Aufgaben von externen Partnern durchführen, was sich auch in Zukunft kaum verändern soll. Das liegt hauptsächlich daran, dass Unternehmen ihre endgültige Entscheidungshoheit nicht aus der Hand geben wollen und daher in diesem Bereich eher zurückhaltend agieren. Am geringsten, sowohl aktuell als auch in der Zukunft, fällt die Auslagerung im Feld des *Onboarding*, aus. Mit aktuell knapp 0,2% und zukünftig erwarteten 2%, spielt dieser Bereich des RPO kaum eine tragende Rolle. Betrachtet man die Ergebnisse insgesamt, ist mit großem Vorsprung das Thema „Headhunting" aus

---

161 Vgl. Studie der HS Pforzheim (2010), S. 11.

dem Aufgabenkreis *Sourcing* aktuell sowie auch zukünftig das TOP-Outsourcing-Thema. Darüber hinaus werden laut der Studie auch zukünftig vier weitere Themen im Fokus des RPO stehen: Testverfahren, Assessment Center, Jobbörsen sowie Bewerberhotlines.[162]

4.3.3.4 Zusammenarbeit mit externen Dienstleistern

Unternehmen arbeiten meist mit mehreren externen Dienstleister zusammen, die i. d. R. nicht miteinander kooperieren. Dabei nimmt die Anzahl der externen Anbieter mit der Größe des Unternehmens häufig zu. Es lässt sich feststellen, dass Unternehmen für administrative Personalaufgaben, wie z. B. bei der Lohn- und Gehaltsabrechnung, Personalplanung und Personalverwaltung, sowie beim Personalcontrolling, im Normalfall ausschließlich mit einem Anbieter zusammenarbeiten. Wiederum sind z. B. in den Bereichen Personalrekrutierung, Weiterbildung und Personalentwicklung, Kooperationen mit mehreren externen Anbietern eher die Regel.[163] Die Koordination und Steuerung der externen Partner bleibt üblicherweise beim Unternehmen selbst, insbesondere bei der Personalleitung und bei den Mitarbeitern des Personalbereichs.[164]

Die Zusammenarbeit mit Dienstleistungsnetzwerken ist im Human Resources Management schon heute sehr bedeutend und wird künftig auch weiterhin an Bedeutung gewinnen. Ausschlaggebend dafür sind u. a. auch die bisher überwiegend positiven Erfahrungen in der Zusammenarbeit mit den externen Partnern.[165]
Dennoch sehen Unternehmen, trotz der überwiegend hohen Zufriedenheit, weiterhin noch Optimierungsbedarf in der Zusammenarbeit mit ihren HR-Outsourcing-Dienstleistern. Unternehmen die bei der Kienbaum-Studie „HR Outsourcing 2010" mitgewirkt haben nannten folgende Optimierungspotenziale in der Zusammenarbeit mit ihren externen Partnern:[166]

43% der befragten Unternehmen sehen besonders hinsichtlich der **kontinuierlichen Leistungsverbesserung** das höchste Optimierungspotenzial ihrer Dienstleister.
41% nennen die **Kundenorientierung des Service-Personals** und die **Verbesserung der Prozessqualität**.
28% der Unternehmen sehen Optimierungsbedarf in der **Stabilität der implementierten Systeme**.
Auch in den Bereichen **Prozess- und Erfolgs-Monitoring** (23%), **Change Management** (17%) und **Projektmanagement** (14%) sind von Seiten der Unternehmen Optimierungen wünschenswert.
Den geringsten Optimierungsbedarf sehen die Befragten mit jeweils 4% bei der **Einhaltung der Investitionsberechnungen**, der **Investitionsberechnung** selbst und bei den **technischen Machbarkeitstests**.

---

162 Vgl. Studie der HS Pforzheim (2010), S. 11ff.
163 Vgl. Studie der DGFP (2008), S. 10f.
164 Vgl. Studie der DGFP (2008), S. 24.
165 Vgl. Studie der DGFP (2008), S. 15; Kienbaum-Studie (2010), S. 15.
166 Vgl. Kienbaum-Studie (2010), S. 26.

4.4 Trend zu mehr Outsourcing im HR-Bereich

Wie bereits in Kapitel 4.2 erwähnt, verzeichnet der internationale BPO-Markt aktuell ein starkes Wachstum. Laut einer Studie des IT-Marktforschungsunternehmens *Gartner* im Jahr 2011, wuchs der BPO-Markt weltweit um rund 6%. Die Prognose für das Jahr 2012 liegt bei einem Wachstum von 5%. Dieser Wachstumstrend macht sich auch in Deutschland bemerkbar und zeigt eine generelle Tendenz in Richtung Auslagerung. Begründet wird die ungebrochene Entwicklung hin zum Outsourcing vor allem durch fehlendes Fachpersonal, sowie geringe zeitliche und technische Ressourcen. Auch der steigende Wunsch nach aktuellem und innovativem Know-how durch externe Partner ist ein Treiber des Wachstumstrends.[167] Die folgende Graphik zeigt, wie die Planungen und Entwicklungen der Unternehmen in Deutschland hinsichtlich des HR-Outsourcings derzeit liegen:

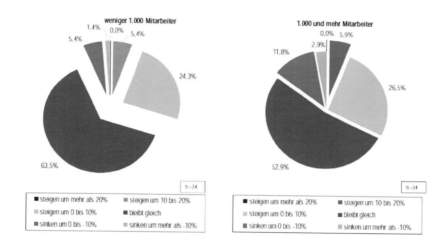

Abb. 9: Planungen für die Entwicklung der externen Dienstleistungen im HR-Bereich von 2010-2012[168]

Generell stehen die Zeichen für die externen HR-Services auf Wachstum. Als Wachstumstreiber gelten insbesondere die größeren Unternehmen. Aber auch die kleinen Unternehmen weisen einen positiven Saldo für das HR-Outsourcing auf. Dennoch muss berücksichtigt werden, dass die Mehrheit der Unternehmen keine Veränderungen planen.

Der Anstieg der Nachfrage der Unternehmen hinsichtlich des Umfangs der Dienstleistungen, lässt sich auch auf die Wirtschaftskrise zurückführen.[169] Vor allem die Angst deutscher Unternehmen die eigene Kompetenz zu verlieren und

---

167 Vgl. Siemann (2012), S. 7.

168 Vgl. Studie der Lünendonk GmbH (2010), S. 22.
169 Vgl. Lüerßen (2010)

vertrauliche Daten an Fremde abzugeben, lässt deutlich nach. Diese Bedenken verschwinden allmählich, da die Sicherheit sowie die Verfügbarkeit der Daten, durch die Dienstleister garantiert wird.[170] Nach Thomas Eggert, Geschäftsführer der *TDS HR Services & Solutions GmbH*, liegt die Zukunft der HR-Outsourcing-Dienstleistung in der Auslagerung kompletter Geschäftsprozesse und nicht mehr in der Stückelung der einzelnen Aufgaben.[171]

Doch welche Trends bestimmen die Zukunft im HR-Outsourcing-Markt? Das folgende Kapitel gibt Auskunft über die aktuellen Trends auf dem HR-Outsourcing-Markt.

4.5 Trends auf dem HR-Outsourcing-Markt

Auf dem HR-Outsourcing-Markt lassen sich unterschiedliche Trends erkennen. Ein Trend der im technischen Umfeld entstanden ist, sind webbasierte Anwendungen wie z. B. Web 2.0, *Application Service Providing* (ASP), *Software as a Service* (SaaS), *Mobile Computing* oder *Cloud-Computing*. Diese Techniken ermöglichen eine neue Art der Verwendung und des Bezugs von Software-Anwendungen. Dabei werden Software-Anwendungen nicht mehr gekauft, eingerichtet und dann verwendet, sondern lediglich von den Dienstleistern gemietet und über das Web bedient. Durch webbasierte Anwendungen können verschiedene Anwendergruppen an verschiedenen Orten auf die gleiche Lösung zugreifen. Insbesondere ESS- und MSS-Systeme zeichnen auf Produktseite einen hohen Gewinn aus.[172]

Das größte Wachstumspotenzial weisen die Dienstleistungen rund um die Portale aus. Nach Axel Wolf-Willems, Geschäftsführer der Solvenius GmbH, setzen viele Firmen bereits bei einer Mitarbeiterzahl von mehr als 100 Arbeitern Portale im Unternehmen ein. Diese unterstützen eine große Vielzahl von Personalprozessen und Beurteilungsverfahren und ermöglichen zusätzlich auch beispielsweise die Erstellung des individuellen Urlaubsantrages.[173] Die Unternehmen sind daher zunehmend auf der Suche nach geeigneten Gesamtlösungen der Dienstleister, inklusive der IT-Infrastruktur- und Systemeinrichtung. Grundsätzlich werden Portallösungen dort benötigt wo Mitarbeiter ihre eigenen Buchungen und Stammdaten offenlegen sollen. Diese können nicht immer problemlos von der lokalen IT, aufgrund des hohen Ausfallsrisikos, intern bereitgestellt werden. Die Software wird deshalb häufig durch externe Anbieter zur Verfügung gestellt, da diese einen ununterbrochenen Betrieb gewährleisten können.[174]

Aber auch mobile Anwendungen verzeichnen im HR-Outsourcing einen Aufwärtstrend - auch wenn aktuell erst wenige Unternehmen diese Angebote nachfragen. Ursula Cassens, Prokuristin beim Software-Dienstleister *GFOS GmbH* berichtet, dass mobile Anwendungen vor allem in den Branchen in denen sich die Mitarbeiter selten im Büro befinden, wie beispielweise im Handel- oder Baugewerbe, einen besonders hohen Stellenwert haben und sich positiv auf die Zusammenarbeit auswirken. Auch bei internationalen Unternehmen, bei welchen sich Mitarbeiter und Führungskräfte nicht am selben

---

170 Vgl. Weber (2010)
171 Vgl. Siemann (2008), S. 5.
172 Vgl. Weber (2010)
173 Vgl. Siemann (2012), S. 8.
174 Vgl. Siemann (2012), S. 8.

Standort befinden, bietet der Einsatz mobiler Lösungen viele Vorteile und eine Motivation für beide Seiten: Durch mobile Anwendungen kann eine schnelle und reibungslose Kommunikation zwischen den Führungskräften und den Mitarbeitern erfolgen. Mitarbeiter können Informationen unmittelbar an die Führungskräfte weitergeben und Führungskräfte sind in der Lage zeitnah darauf zu reagieren.[175]

Im Jahr 2010 stand vor allem die Beratung im Mittelpunkt der Nachfrage. Unternehmen zogen externe Dienstleister zur Unterstützung und Beratung heran um ihre Personal- und Payroll-Prozesse zu optimieren. Insbesondere in den Bereichen Automatisierung, Standardisierung und Integration setzten Unternehmen auf das Know-how und die Beratung ihrer externen Dienstleister. Diese beraten Unternehmen darüber hinaus auch bei der Auswahl passender und notwendiger Software-Anwendungen. Für die kommenden Jahre wird im HR-Outsourcing die Zusammensetzung folgender drei Themenschwerpunkte zentral sein: Dienste, Software und Beratung. Vor allem wird der Dienstleister hinsichtlich seiner Beratungsfunktion zunehmend gefragt sein. Externe Spezialisten sollen den auslagernden Unternehmen dabei helfen die Prozesse rund um die Lohn- und Gehaltsabrechnung zu analysieren und zu verbessern. Sie geben Ideen zur Prozessoptimierung und bieten den auslagernden Unternehmen die dazu passenden Software-Technologien.[176]

4.6 Bewertung des BPO

4.6.1 Chancen und Risiken

Dass HR-Outsourcing ein umstrittenes Thema in Unternehmen darstellt, zeigt vor allem das enorme Potenzial, das bisher noch nicht ausgeschöpft wurde. Viele Unternehmen stehen dem Thema Outsourcing von Personalfunktionen - trotz der vielen positiven Aspekte - noch immer skeptisch gegenüber. Das hat auch damit zu tun, dass wie bereits erwähnt, BPO in Deutschland noch relativ undurchsichtig ist. Unternehmen sollten sich aufgrund dessen mehr mit dem Konzept des BPO auseinandersetzen, um sich vor eventuellen Möglichkeiten zur effektiveren Personalarbeit, nicht von vornherein durch Unwissen, zu verschließen. Die folgende Tabelle gibt einen Überblick über die möglichen Chancen und Risiken von BPO-Projekten:

---

175 Vgl. Siemann (2012), S. 10.
176 Vgl. Weber (2010).

	Chancen	Risiken
strategisch	• Konzentration auf Kernkompetenzen • Erschließung neuer Geschäftsfelder • Steigerung der Flexibilität • Verringerung von Schnittstellen • Reorganisation von Unternehmens-strukturen	• Abhängigkeit vom Dienstleister • Irreversibilität des Outsourcing-Prozesses • Flexibilitätsverlust • Imageverlust • Stärkere Machtposition der Dienstleister
finanziell	• Kostenreduzierung • Umwandlung fixer in variable Kosten • Planbarkeit und Transparenz der Kosten • Verstärktes Kostenbewusst-sein	• Kostensteigerung • Transaktions-kostenerhöhung • Umstellungs-kosten kommen auf • Falsche Einschätzung des Kostensenkungs-potenzials
personell	• Erschließung von neuem Know-how • Karriereentwick-lung für Mitarbeiter • Erhöhte Motivation	• Widerstand der Mitarbeiter • Mangelnde interne Akzeptanz • Arbeitsrechtliche Probleme • Angst vor Arbeitsplatzverlust • Sinkende Motivation
leistungs-bezogen	• Qualitäts-verbesserung • Leistungs-optimierung	• Know-how-Verlust • Kontrollverlust • Abgabe der Verantwortung • Leistungs- und Qualitätsdefizite • Datensicherheit

Tab. 4: Chancen und Risiken beim Outsourcing[177]

Die wahrgenommenen Risiken die u. a. in Tabelle 4 aufgezählt wurden tragen dazu bei, dass HR-Outsourcing-Dienstleistungen in der Praxis noch nicht ihr volles Potenzial ausschöpften konnten. Viele Personalverantwortliche befürchten, dass durch die Auslagerung von Personalfunktionen eine zu hohe Abhängigkeit vom externen Partner, ein erhöhter Verlust des internen Know-

---

177 Eigene Darstellung in Anlehnung an Nagengast (1997), S. 88ff.; Hermes/Schwarz (2005), S. 95ff.

hows oder auch ein erschwerter Informationsfluss entstehen kann. Durch Prozessoptimierung und durch die Auswahl eines geeigneten Outsourcing-Partners lassen sich die vorhandenen Risiken und Probleme nicht komplett beseitigen, aber durchaus reduzieren.[178]

4.6.2 Business Process Outsourcing vs. Shared Service Center

In wirtschaftlich schweren Zeiten wird deutlich, dass BPO kein Allheilmittel für Unternehmen ist. Deswegen entscheiden sich einige Firmen auch für eine Wiedereingliederung zuvor ausgelagerter Prozesse, dem sogenannten *Backsourcing*, oder für eine Eingliederung von Leistungen, die früher überhaupt nicht im Unternehmen erbracht wurden, dem sogenannten *Insourcing*. Risiken die das BPO mit sich bringen können nicht immer vermieden werden. Vor allem Großunternehmen versuchen diese weitestgehend zu vermeiden, indem sie die interne Gründung von sogenannten *Shared Service Centern* (SSC), dem *Business Process Outsourcing* vorziehen. Das SSC stellt für sie eine wahre Alternative zum BPO dar.[179] Im SSC werden interne Aufgaben und Prozesse zusammengefasst die dann den dezentralen Geschäftseinheiten, den internen Kunden, zur Verfügung gestellt werden. Shared Service-Center weisen fünf Merkmale aus:

- Sie sind wirtschaftlich und/oder rechtlich selbstständige Organisationseinheiten.
- Sie sind vor allem operative Dienstleister.
- Sie liefern gleichartige Dienstleistungen an mehrere Geschäftsbereiche aus.
- Sie tragen die Verantwortung für die Durchführung und die Leistungserbringung, wohingegen die internen Kunden die Verantwortung für die Planung und die Kontrolle behalten.
- Sie ermöglichen Qualitätssteigerungen und Kostenminderungen.[180]

BPO und Shared Service Center (SSC) weisen inhaltlich viele Gemeinsamkeiten auf. So findet man Übereinstimmungen sowohl in der Arbeitsweise und in der Organisation, als auch bei den internen Prozessen. Der Hauptunterschied liegt in der Eigentümerstruktur, da die SSC zum Unternehmen gehören, wohingegen BPO ganzheitlich unternehmensextern sind. Dennoch kommt es oft zu Entscheidungsschwierigkeiten wenn es darum geht, welche Lösung - ob BPO oder SSC - für ein Unternehmen sinnvoller erscheint.[181]

Die folgende Abbildung gibt einen Überblick über die wichtigsten Unterschiede zwischen BPO und SSC:

---

178 Vgl. Ackermann (2003)
179 Vgl. Hermes/Schwarz (2004), S. 17.
180 Vgl. Wißkirchen/Kleinertz (2000), S. 181ff.
181 Vgl. Dressler (2007), S. 89f.

Business Process Outsourcing	Shared Service Center
- externe Form des Outsourcing - Kostenminderung durch die Variabilisierung von fixen Kosten - Eigenes Know-how wird vergeben - Abrechnung nach Marktpreisen - Dienstleistungsfunktion - Kosten für Transaktion	- interne Form des Outsourcing - Kostenminderung durch die Nutzung von Größenvorteilen - Eigenes Prozess-Know-how wird aufgebaut - Abrechnung nach Verrechnungspreisen - Servicefunktion - Kosten für Koordination

Tab. 5: Unterschiede zwischen BPO und SSC[182]

Was sind also die Vor- bzw. Nachteile von SSC und BPO? Da das SSC wie bereits erwähnt üblicherweise ganz bzw. mehrheitlich Teil des Unternehmens ist, sind Unternehmen häufig der Meinung, dass sie bei der Auslagerung in ein SSC - im Gegensatz zum Outsourcing - keinen Kompetenzverlust erleiden, da das Know-how intern verbleibt. Beim BPO hingegen treten Unternehmen komplette Prozesse an externe Dienstleister ab. Trotzdem hat Business Process Outsourcing gegenüber der Errichtung von Shared Service Centern viele Vorteile: Laut Lothar Christ von Arinso People Services Deutschland, kann ein SSC nicht die gesamte Effizienz ausschöpfen, die durch ein BPO erreicht werden kann, da das Shared Service Center weiter als ein Teil des Betriebes angesehen wird.[183] Das kann vor allem dann zum Nachteil für das Unternehmen sein, wenn Fehler bei der Prozessdurchführung auftreten. Im Gegensatz zum BPO nämlich, muss das Unternehmen selber dafür sorgen, dass die Probleme behoben werden, anstatt wie beim BPO, wo der Dienstleister für die Beseitigung der fehlerhaften Durchführung verantwortlich ist.

Markus Birk, geschäftsführender Gesellschafter der *PERKURA GmbH* spricht sich ebenso für den Einsatz von BPO-Spezialisten aus, da durch den Einsatz eines BPO-Spezialisten sowohl Qualität als auch Prozesssicherheit ebenfalls erhöht werden können, was eine Reduzierung sämtlicher Risiken bedeutet. Für große Firmen die sich trotz der Vorteile des BPO für die Errichtung eines SSC entscheiden, ist eine weitere Problematik zu erwähnen: Durch die Ausgliederung von Personalfunktionen in ein Shared Service Center, müssen sich die internen Mitarbeiter die in das SSC wechseln, in die neue Position des Dienstleisters einfinden. Das setzt voraus, dass die Mitarbeiter die in das SSC ausgegliedert werden zu Veränderungen bereit sein müssen, um die neue Rolle des Dienstleisters überhaupt erfüllen zu können. Da kleine oder mittelgroße Betriebe in der Regel keine SSC betreiben, weil diese für sie nicht rentabel sind, stellen sie ohnehin keine Alternative für BPO dar. In der Vergangenheit fiel jedoch auf, dass gut aufgestellte SSC großer Unternehmungen auch am öffentlichen Markt Fuß zu fassen versuchen. Bislang ist das aber noch nicht wirklich gelungen was u. a. daran liegt, dass unternehmensexterne Firmen befürchten, im Vergleich zu internen Kunden - zum Beispiel im Falle von Kapazitätsengpässen - nachteilig behandelt zu werden. Obwohl die großen SSC bisher den Markt noch nicht erschließen konnten, werden sie sich früher oder später am Markt positionieren können, u. a. aufgrund des großen Stammkapitals durch das Hauptunternehmen. Laut Bernhard Reeder, General

---

182 Eigene Darstellung in Anlehnung an Wißkirchen/Kleinertz (2000), S. 188.
183 Vgl. Siemann (2008), S. 6f.

Director bei *ADP Employer Services GmbH*, darf ein wichtiges Argument, das für BPO und gegen SSC spricht, nicht vergessen werden: Externe Dienstleister garantieren für die Richtigkeit der Dienstleistung. Tritt ein Fehler, z. B. in der Gehaltsabrechnung, auf oder würden anderweitig Schäden entstehen, haftet der Dienstleister für die fehlerhafte Abrechnung. Kommt es zu Fehlern bei der internen Ausführung der Gehaltsabrechnungen muss i. d. R. das Unternehmen selbst den Schaden tragen.[184]

Obwohl das BPO gegenüber dem SSC viele Vorteile hat, wird dem SSC in der Praxis eine höhere Akzeptanz zugesprochen. Im HR-Bereich weist das SSC eine Akzeptanzrate von etwa 10%-15% auf. Geht man von größeren Konzernen aus, ist die Verwendung von SSC noch verbreiteter. Laut einer Studie des *Offshoring Institutes* nutzen sogar bis zu 90% der Top 100 Unternehmen in Deutschland bereits SSC. Im Gegensatz dazu ist BPO bei deutschen Unternehmen weitaus weniger akzeptiert. Das liegt daran, dass deutsche Firmen nur widerwillig Verantwortung abgeben möchten, da sie befürchten, dass sie dadurch, die Kontrolle über die eigenen Geschäfte verlieren.[185]

Heutzutage bündeln Unternehmen ihre Dienstleistungsprozesse in ca. 4000 Shared Service-Centern weltweit. Davon sind ungefähr 1200 SSC in Westeuropa und etwa 500 in Osteuropa auffindbar. In Deutschland existieren rund 170 SSC.[186]

---

184 Vgl. Siemann (2008), S. 6f.

185 Vgl. Studie des Offshoring-Institutes (2009), S. 3f.
186 Vgl. Tandler (2012), S. 27.

5 Fazit und Ausblick

Obwohl deutsche Unternehmen die Auslagerung ganzer Personalprozesse bisher selten eingesetzt haben, wird die Nachfrage nach HR-BPO zukünftig steigen. Grundsätzlich eignen sich jedoch nicht alle HR-Prozesse gleichermaßen für ein Outsourcing. Als Einstieg in das HR-BPO gilt die Auslagerung der Lohn- und Gehaltsabrechnung. Da dieser HR-Prozess weder zum Kerngeschäft des Unternehmens gehört, noch strategisch relevant und darüber hinaus sehr zeitintensiv ist, eignet er sich ideal für ein eine Auslagerung. Deshalb liegt nicht nur der Ursprung sondern auch der Schwerpunkt des HR-BPO in diesem Bereich. Aber auch die HR-Administration, Teile der Personalentwicklung sowie der Rekrutierung, kommen für BPO in Frage. In diesen Prozessen werden überwiegend Teilleistungen von externen Anbietern bezogen. Die Komplettvergabe von Geschäftsprozessen i. S. e. BPO ist nicht bei allen HR-Prozessen ratsam. Beispielsweise sollten Unternehmen strategisch relevante Prozesse intern bearbeiten und nicht an unternehmensfremde Dienstleister abgeben. Als Beispiel gilt hier der Prozess der Personalbetreuung, der im Unternehmen selbst wahrgenommen werden sollte. Die nachfolgende Tabelle fasst die Ergebnisse dieser Arbeit zusammen, in Bezug auf die Outsourcing-Fähigkeit der wichtigsten Personalprozesse:

Faktoren / Prozesse	Strategische Bedeutung	Outsourcing-Fähigkeit	Outsourcing-fähige Aufgaben
Personal-beschaffung	nicht strategisch	hoch	ganzer Prozess
Personalauswahl	hohe strategische Bedeutung	tief	Teilleistungen, z. B. Bewerber-vorauswahl
Personal-beurteilung	Führungs-aufgabe	tief	Teilleistungen, z. B. Beurteilungs-systeme, Coaching von Mitarbeiter-gesprächen
Personal-entwicklung und -training	Einfluss auf Kern-kompetenzen	mittel	Teilleistungen, z. B. Training, Coaching und Fortbildungs-programme
Talent-management	Kernleistung des HR-Bereichs	tief	Unterstützungs-prozesse
Personal-freisetzung	gering	hoch	ganzer Prozess
HR-Strategie	hoch	tief	Beratung in Projektphase

HR-Controlling	Steuerungs-organ; hohe strategische Bedeutung	tief	Auswertungen, Beschaffung von Datenmaterial
HR-Organisations-management	teilweise strategisch	mittel	Teilaufgaben, z. B. Aufbereitung von Daten, externe Beratung
HR-Informations-management	Steuerungs-funktion	mittel	Datenpflege/-erfassung, Archivierung und Digitalisierung von Akten, Einrichtung von Zugriffs-berechtigungen
HR-Administration	gering	hoch	ganzer Prozess

Tab. 6: Personalprozesse und ihre Outsourcing-Eignung[187]

Auch wenn der Einsatz von HR-BPO in deutschen Unternehmen bis dato noch relativ wenig verbreitet ist, wird für die Zukunft ein kontinuierliches Wachstum erwartet. Diese Entwicklung lässt sich insbesondere darauf zurückführen, dass immer mehr qualifizierte Dienstleister in den Markt eintreten, deren Leistungsportfolio im Vergleich zu den Vorjahren umfangreicher ist. Um den Wachstum des HR-BPO-Marktes voranzutreiben, müssen Dienstleister ihren Beitrag dazu leisten, indem sie sich laufend weiterentwickeln und ihre Dienstleistungen und Services attraktiver gestalten, um mehr Kunden zu gewinnen, die ihre Personalprozesse outsourcen.

Um den am besten geeigneten Anbieter auf dem Markt für ein Unternehmen auszumachen, müssen mehrere Faktoren bei der Auswahl berücksichtigt werden, z. B. das Preis- und Dienstleistungsniveau, der Erfahrungsstand oder der Standort. Ein direkter Vergleich zwischen den Dienstleistern ist nur sehr eingeschränkt möglich, da die vereinbarten Service-Leistungen i. d. R. je nach Auftrag individuell und spezifisch sind. Die Wahl des Outsourcing-Partners sollte jedoch nicht nur aufgrund des günstigsten Preises erfolgen, sondern auch unter Berücksichtigung der individuellen Services und Zusatzleistungen, die er anbietet.

Damit HR-BPO auch am deutschen Markt weiter wachsen kann, müssen vor allem die Unternehmen ihre Einstellung zum BPO verändern und Vertrauen zu den Dienstleistern und zu diesem Konzept der Arbeitsteilung aufbauen. Deutsche Betriebe sollten mittlerweile erkannt haben, dass es sich bei HR-BPO nicht lediglich um eine Maßnahme zur Kostensenkung handelt, sondern die Auslagerung vor allem auch strategische Vorteile mit sich bringt. Durch das Outsourcing von hauptsächlich operativen Tätigkeiten - die für gewöhnlich sehr zeitintensiv und nicht zum Kerngeschäft des Unternehmens gehören, aber dennoch das Tagesgeschäft des HR-Bereichs dominieren – soll in erster Linie Platz für strategische Personalaufgaben geschaffen werden, die zur Unternehmenswertschöpfung beitragen. Allerdings stehen noch viele Unternehmen einer solchen Auslagerung kritisch gegenüber, weil die Angst bei

---

187 Eigene Darstellung in Anlehnung an Kapitel 3.4.2.

deutschen Managern, einen Kontroll- und Know-how-Verlust zu erleiden, sehr groß ist. Unternehmen in Deutschland sind die Sicherheit durch in der Praxis erprobter Konzepte und entsprechende Referenzen wichtig, weshalb neue Konzepte, über die es kaum Erfahrungsberichte gibt, nur sehr zögerlich eingesetzt werden. Da im Gegensatz zu den USA, deutsche Unternehmen nicht dazu verpflichtet sind, ihre Outsourcing-Verträge öffentlich anzugeben, sind hierzulande die HR-BPO-Aktivitäten noch sehr intransparent und werden deshalb vermutlich auch zukünftig nicht zu den prioritären HR-Themen zählen. Weitaus mehr Akzeptanz weisen in der Praxis HR-Shared-Service-Center aus, die als Vorstufe des BPO gelten.

Folgt man jedoch dem US-amerikanischen HR-Outsourcing-Markt, der als Vorreiter in der HR-Outsourcing-Bewegung gilt - ist es nur noch eine Frage der Zeit, bis das HR-BPO auch in Deutschland zunehmende Akzeptanz findet und Unternehmen vermehrt anfangen, Personalprozesse an externe Dienstleister zu vergeben.

Um eine zeitgemäße Personalarbeit zukünftig zu gewährleisten, sollten administrative Personalprozesse verringert werden, um Freiraum für strategische Aufgaben zu schaffen. Es gibt mittlerweile einige Maßnahmen, die dies durch Automatisierung, Standardisierung, sowie Outsourcing ermöglichen. Teilaufgaben des administrativen Personalmanagements, wie beispielsweise die Stammdatenpflege, können auf die einzelnen Mitarbeiter übertragen werden, die mit Hilfe von HR Self-Service-Systemen selbstständig Veränderungen vornehmen können und somit die Personalabteilung entlasten. Ebenso wird die Nachfrage nach Personaldienstleistungen von externen Anbietern insgesamt zunehmen. Auch wenn heute noch kein extremes Wachstum zu verzeichnen ist, ist eine Tendenz in diese Richtung deutlich erkennbar. Durch den aktuellen Wandel in der Personalabteilung, werden Dienstleister zur Verwirklichung des Ziels, weniger verwaltend und mehr gestaltend zu agieren, zunehmend gebraucht. Wie bereits erwähnt, wagen bislang nur wenige Unternehmen diesen Sprung zum HR-BPO, weshalb sich Dienstleister zukünftig um mehr Transparenz bemühen und Unternehmen zum Thema HR-BPO umfassender informieren sollten. Unternehmen wiederum sollten sich dieser Thematik öffnen und Veränderungsbereitschaft zeigen. Wenn die Personalarbeit effizienter werden soll, können nicht weiterhin alle HR-Aufgaben unternehmensintern erbracht werden. Spezialisierte Dienstleister sind für die Effizienz von großer Bedeutung und ihnen muss mehr Vertrauen entgegengebracht werden. Wenn dies erfolgt, können durch die steigende Nachfrage nach HR-Dienstleistungen, bessere und effizientere Dienstleistungen angeboten werden, was auch zu niedrigeren Preisen führen kann. Somit entsteht sowohl auf der Unternehmens- als auch auf der Dienstleister-Seite eine Win-Win-Situation, die das Marktsegment *HR-BPO* endlich sein volles Potenzial ausschöpfen lässt.

Literatur- und Quellenverzeichnis

Achenbach, W. (2004): Zukünftige Entwicklung des Outsourcing im Personalmanagement, in: Achenbach, W./Moormann, J./Schrober, H. (Hrsg.): Sourcing in der Bankwirtschaft, Frankfurt am Main, S. 309–323.

Ackermann, K.-F. (2003): Outsourcing von Personaldienstleistungen, in: Personalwirtschaft Jg. 30, Heft 3, S. 12–14.

Ackermann, K.-F./Meyer, M./Mez, B. (Hrsg.) (1998): Die kundenorientierte Personalabteilung. Ziele und Prozesse des effizienten HR-Management, Wiesbaden.

Adler, P. S. (2003): Making the HR Outsourcing Decision, in: MIT Sloan Management Review Jg. 45, Heft 1, S. 53–60.

Alewell, D., et al. (2007): Outsourcing von Personalfunktionen. Motive und Erfahrungen im Spiegel von Experteninterviews, Mering.

Arbeitsgemeinschaft QUEM (1995): QUEM-Report: Schriften zur beruflichen Weiterbildung in den neuen Bundesländern.

Armutat, S. (Hrsg.) (2009): Outsourcing und Steuerung externer Partner - Personalmanagement im Wandel. Herausforderungen, Lösungen, Aufgaben, Bielefeld.

Balbach, E. (1999): Outsourcing - Die Zukunftsperspektive in der Personalarbeit, in: Meckl, R. (Hrsg.): Personalarbeit und Outsourcing, Frechen, S. 61–67.

Baumgartner & Partner (2009): HR Coste Take Out: Kurzfristige und nachhaltige Kostensenkung durch HR Outsourcing ist eine Herausforderung. http://www.baumgartner.de/content/hr_cost_take_out_- _kurzfristige_und_nachhaltige_kostensenkung_durch_outsourcing.pdf. Zuletzt geprüft am 08.03.2012.

Becker, F. G. (2002): Lexikon des Personalmanagements. Über 1000 Begriffe zu Instrumenten, Methoden und rechtlichen Grundlagen betrieblicher Personalarbeit, München, München.

Bernd Hentschel (Hrsg.) (2008): HR - Shared Services, Outsourcing, Service Level Agreements. Lohn+Gehalt-Sammelband ausgewählter Fachbeiträge, Frechen.

Böck, R. (2002): Personalmanagement, München.

Braun, I. (2009): Outsourcing von Personalfunktionen. Eine Strategie zur Erhöhung der Dienstleistungsqualität?, Mering.

Bruch, H. (1998): Outsourcing. Konzepte und Strategien Chancen und Risiken, Wiesbaden.

Büdenbender, U./Strutz, H. (2003): Gabler-Kompakt-Lexikon Personal. 1000 Begriffe zu Personalwirtschaft, Personalmanagement, Arbeits- und Sozialrecht ; nachschlagen, verstehen, anwenden, Wiesbaden.

Capgemini Consulting (2011): HR-Barometer 2011. Bedeutung, Strategien, Trends in der Personalarbeit - Schwerpunkt: Organisationsdesign und -entwicklung.

Competence Site: NorthgateArinso stärkt globale Präsenz durch Übernahme der Human-Resources Sparte der Convergys. http://www.competence-site.de/NorthgateArinso-staerkt-globale-Praesenz-durch-Uebernahme-Human-Resources-Sparte-Convergys. Zuletzt geprüft am 07.03.2012.

Cooke, F. L./Shen, J./McBride, A. (2005): Outsourcing HR as a Competitive Strategy? A Literature Review and an Assessment of Implications., in: Human Resources Management 44, 4, S. 413–432.

Cottone, C./Waitzinger, S. (2005): Outsourcing von Personaldienstleistungen. Freiräume schaffen - Unternehmenswert steigern, in: Wald, P. M. (Hrsg.): Neue Herausforderungen im Personalmanagement. Best Practises - Reorganisation - Outsourcing, S. 263–285.

Degner, M. (2007): Teilen um zu gewinnen, in: Personalwirtschaft 2007, 04, S. 43–45.

DGFP e.V. (2008): Personalmanagement mit externen Partnern. Ergebnisse einer Tendenzbefragung.

Dressler, S. (2007): Shared Services, Business Process Outsourcing und Offshoring. Die moderne Ausgestaltung des Back Office ; Wege zu Kostensenkung und mehr Effizienz im Unternehmen, Wiesbaden.

Drumm, H. J. (2005): Personalwirtschaft, Berlin.

Eggert, T./Lüerßen, H. (2008): Business Process Outsourcing von Personalaufgaben. Präzise auswählen und flexibel einsetzen, Köln.

Ehmann, H.-M./Eisele, D. S. (2003): Personalmanagement im Rückblick - Augenblick - Ausblick, in: Personal 55, 5, S. 32–35.

Engeser, M./Hess, D./Katzensteiner, T. (2004): Den Kopf frei kriegen, in: Wirtschaftswoche Nr. 9/2004, S. 96–97.

Fischer, Stephan (2010): RPO: Strohfeuer oder Trend? Studie zum Recruitment Process Outsourcing. HS-Pforzheim.

Focus Online (2010): Xerox darf Softwarefirma ACS übernehmen. http://www.focus.de/digital/computer/computer-xerox-darf-softwarefirma-acs-uebernehmen_aid_472247.html. Zuletzt geprüft am 07.03.2012.

Forrester (2006): Gibt es einen Markt für HR-Outsourcing? Hg. v. Computerwoche. Online verfügbar unter http://www.computerwoche.de/management/it-services/582457/. Zuletzt geprüft am 11.03.2012.

Gabler Verlag (2011): Gabler Wirtschaftslexikon. Personalmanagement. http://wirtschaftslexikon.gabler.de/Archiv/57340/personalmanagement-v5.html. Zuletzt geprüft am 07.03.2012.

Gabler Verlag (2011): Gabler Wirtschaftslexikon. Outsourcing. http://wirtschaftslexikon.gabler.de/Archiv/54709/outsourcing-v7.html. Zuletzt geprüft am 07.03.2012.

Gassert, H. (Hrsg.) (1998): Innovative Dienstleistungspartnerschaften. Neue Formen der Zusammenarbeit zwischen Industrie und Dienstleistern, Stuttgart.

Grimme, K. (2004a): BPO steckt in Deutschland noch in den Kinderschuhen. http://www.silicon.de/management/b2b/0,39044010,39172758,00/bpo_steckt_in_deutschland_noch_in_den_kinderschuhen.htm. Zuletzt geprüft am 07.03.2012.

Grimme, K. (2004b): Outsourcing von Personalwesen: Nur für diejenigen mit langem Atem. http://www.silicon.de/management/b2b/0,39044010,39172202,00/outsourcing_von_personalwesen_nur_fuer_diejenigen_mit_langem_atem.htm. Zuletzt geprüft am 07.03.2012.

Gross, J./Bordt, J./Musmacher, M. (2006): Business-Process-Outsourcing. Grundlagen, Methoden, Erfahrungen, Wiesbaden.

Haubrock, A. (2004): Personalmanagement, Stuttgart.

Heidecker, M. (2003): Wertorientiertes Human Capital Management. Zur Steigerung des Unternehmenswertes durch die Personalarbeit. Univ. der Bundeswehr, Diss.--Hamburg, 2003, Wiesbaden.

Hentze, J./Kammel, A. (2001): Personalwirtschaftslehre, Bern.

Hermes, H.-J./Schwarz, G. (2004): Shared Services: Eine Alternative zum Outsourcing - Ergebnisse einer Praxis-Studie 2003/2004.

Hermes, H.-J. (2005): Outsourcing. Chancen und Risiken Erfolgsfaktoren rechtssichere Umsetzung ; Best Practice: Erfahrungen renommierter Unternehmen ; Shared Service Center: die interne Alternative zum Outsourcing ; Ergebnisse der Deloitte Outsourcing-Studien, Freiburg ; München.

Hildebrand, B./Conrad, J. (Hrsg.) (2000): Jahrbücher für Nationalökonomie und Statistik, Stuttgart.

Hodel, M. (1999): Outsourcing-Management kompakt und verständlich. Praxisorientiertes Wissen in 24 Schritten, Braunschweig.

Hodel, M./Berger, A./Risi, P. (2004): Outsourcing realisieren. Vorgehen für IT und Geschäftsprozesse zur nachhaltigen Steigerung des Unternehmenserfolges, Wiesbaden.

Holtbrügge, D. (2004): Personalmanagement, Berlin.

Holtbrügge, D. (2007): Personalmanagement, Berlin.

Horchler, H. (1996): Outsourcing. Eine Analyse der Nutzung und ein Handbuch der Umsetzung ; Markt - Recht - Management - Abwicklung - Vertragsgestaltung. S. 259 - 280, Köln.

Jäger, W. (2006): Die Zukunft heißt "Geschäftsfeld Personal", in: Personalwirtschaft 33, 7, S. 12–15.

Johst, D. (2000): Angebot an Personaldienstleistungen in Deutschland. Eine theoretische und empirische Analyse, in: Hildebrand, B./Conrad, J. (Hrsg.): Jahrbücher für Nationalökonomie und Statistik, Stuttgart, S. 165–190.

Jung, H. (1995): Personalwirtschaft, München.

Jung, H. (2005): Personalwirtschaft, München.

Jürgens, U. (2008): Was nicht in Auftrag gegeben werden darf: Pflichten des Auftraggebers beim Outsourcing, in: Bernd Hentschel (Hrsg.): HR - Shared Services, Outsourcing, Service Level Agreements. Lohn+Gehalt-Sammelband ausgewählter Fachbeiträge, Frechen, S. 82-88.

Keller, M. (2009): Fachlexikon für das Human Resource Management. Wichtige Fachbegriffe zum Personalwesen mit Hintergrundwissen Umsetzungshilfen Arbeitsrechts-Informationen Mustervorlagen und einem umfassenden HR-Know-how-Quellen-Kompendium ; das gesamte Glossar und alle Mustervorlagen auch auf CD-ROM, Zürich.

Kett, I./Skötsch, W. V./Weber, M. (2005): Business Process Outsourcing. BPO als Chance für den Standort Deutschland. http://www.bitkom.org/files/documents/BITKOM_Leitfaden_BPO_Stand_20.09.05.pdf. Zuletzt geprüft am 07.03.2012.

Kienbaum Management Consultants (2010): HR Outsourcing 2010. Akzeptanz und Umsetzungserfahrung deutscher Unternehmen nach der Rezession. http://www.kienbaum.de/Portaldata/3/Resources//Ergebnisbericht_HRO_Studie_final_1_.pdf. Zuletzt geprüft am 11.03.2012.

Kienbaum Management Consultants (2010): HR Strategie & Organisation. http://www.kienbaum.de/desktopdefault.aspx/tabid-502/650_read-9170/. Zuletzt geprüft am 07.03.2012.

Kienbaum Management Consultants (2011): HR-Klima Index 2011. Die Konjunktur für Personalarbeit. http://www.kienbaum.de/Portaldata/3/Resources//HR_Klima-Index.pdf. Zuletzt geprüft am 08.03.2012

Kienbaum Management Consultants (2011): HR-Trendstudie 2011. Wirtschaftswunderland Deutschland: zwischen Vollbeschäftigung und Talente-Tristesse, http://www.kienbaum.de/Portaldata/3/Resources//Ergebnisbericht_HR-Trendstudie2011_final.pdf. Zuletzt geprüft am 07.03.2012.

Köhler-Frost, W./Bahrs, W. (Hrsg.) (2000): Outsourcing. Eine strategische Allianz besonderen Typs, Berlin.

Kolb, M. (2008): Personalmanagement. Grundlagen - Konzepte - Praxis, Wiesbaden.

Krüger, G. H. (2001): Outsourcing im Personalwesen: Personalmanagement. Das Handbuch für effiziente Personalarbeit ; Mustertexte, Formulare und Checklisten, Freiburg, München, S. 49–74.

Lamers, S. M. (1997): Reorganisation der betrieblichen Personalarbeit durch Outsourcing. Münster, Univ., Diss., 1997.

Schweizer, Lars/zu Knyphausen-Aufseß, Dodo/Ulscht, Carmen (2005): Outsourcing von Personalfunktionen: eine (erneute) Bestandsaufnahme, in: Zeitschrift für Personalforschung Jg. 19, Heft 1, S. 25–44.

Luczak, H. (Hrsg.) (1997): Handbuch Arbeitswissenschaft, Stuttgart.

Lüerßen, H./Eggert, T./Hambrock, H. (2004): Business Process Outsourcing Human Ressources - Mehrwertdienste verändern die Personalarbeit in den Unternehmen. Ein Trendpapier von TDS HR Services & Solutions, Neckarsulm.

Lüerßen, H. (2010a): BPO-Markt Deutschland: Umfang der ausgelagerten Aufgaben nimmt zu. http://www.cio.de/knowledgecenter/outsourcing/897662/. Zuletzt geprüft am 11.03.2012.

Lüerßen, H. (2010): Druck sorgt für Handlungswillen, in: Personalwirtschaft (Hrsg.): Sonderheft HR-Outsourcing 2010, S. 18–19.

Lünendonk GmbH (2009): BPO Guide 2009: Anbieter von Verwaltungs- und Querschnittsprozessen. http://luenendonk-shop.de/out/pictures/0/lue_bpo_guide_2009_f260809_fl.pdf. Zuletzt geprüft am 07.03.2012.

Lünendonk GmbH (2010): Trendstudie 2010: Management-Perspektive - Wertbeitrag durch strategische externe Dienstleister für IT- und Personalaufgaben. http://luenendonk-shop.de/Luenendonk-Publikationen/Luenendonk-Trendstudie-2010-Management-Perspektive-Wertbeitrag-durch-strategische-externe-Dienstleister-fuer-IT-und-Personalaufgaben.html. Zuletzt geprüft am 10.03.2012.

Martin, A./Nienhüser, W. (Hrsg.) (2002): Neue Formen der Beschäftigung - neue Personalpolitik?, München.

Matiaske, W./Kabst, R. (2002): Outsourcing und Professionalisierung in der Personalarbeit. Eine transaktionstheoretisch orientierte Studie, in: Martin, A./Nienhüser, W. (Hrsg.): Neue Formen der Beschäftigung - neue Personalpolitik?, München, S. 247–271.

Matiaske, W./Mellewigt, T. (2002): Viel Lärm um Nichts. Rückblick auf ein Jahrzehnt empirischer Outsourcing-Forschung, in: Organisatorische Veränderung und Corporate Governance 2002, S. 273–309.

Mayer, A. G./Söbbing, T. (2004): Outsourcing leicht gemacht. Muss man denn alles selber machen?, Frankfurt.

Meckl, R. (1997): Outsourcing von Personalleistungen aus strategischer Sicht, in: Personal - Zeitschrift für Human Resources 49, 8, S. 388–395.

Meckl, R. (Hrsg.) (1999): Personalarbeit und Outsourcing, Frechen.

Meier, A./Stuker, C. T. A. (1997): Auslagerung der Personalfunktion. Möglichkeiten und Grenzen, in: zfo Nr. 3/1997, S. 138–145.

Mez, B. (1998): Outsourcing von Personaldienstleistung. Chance oder Rückschritt?, in: Ackermann, K.-F./Meyer, M./Mez, B. (Hrsg.): Die kundenorientierte Personalabteilung. Ziele und Prozesse des effizienten HR-Management, Wiesbaden, S. 157–184.

Müldner, W./Bender, M. (2005): Payroll-Outsourcing für SAP-HR-Benchmarking. Studie Teil 2, in: Lohn + Gehalt Jg. 16, Heft 2, S. 28–30.

Müller, D. (2005): Business Process Outsourcing legt in Deutschland deutlich zu. http://www.zdnet.de/magazin/39130714/business-process-outsourcing-legt-in-deutschland-deutlich-zu.htm. Zuletzt geprüft am 11.03.2012.

Nagengast, J. (1997): Outsourcing von Dienstleistungen industrieller Unternehmen. Eine theoretische und empirische Analyse. Univ., Diss.--Regensburg, 1997, Hamburg.

Nerdinger, F. W./Rosenstiel, L. von (1997): Personalbeurteilung, in: Luczak, H. (Hrsg.): Handbuch Arbeitswissenschaft, Stuttgart, S. 1002–1005.

NelsonHall (2010): Onshore-Services in Gemany - SSC & BPO. Hg. v. outsourcing portal. Online verfügbar unter http://www.outsourcingportal.eu/articles,onshore-services-in-germany-ssc-bpo,,,52,2.html, zuletzt aktualisiert am 07.08.2011. Zuletzt geprüft am 11.03.2012

Oerting, M. (2006): HR-Transformation zu Business Partnership und operativer Exzellenz, in: Oerting, M. (Hrsg.): Neue Geschäftsmodelle für das Personalmanagement. Von der Kostenoptimierung zur nachhaltigen Wertsteigerung, Neuwied, München, S. 15–42.

Oerting, M. (Hrsg.) (2006): Neue Geschäftsmodelle für das Personalmanagement. Von der Kostenoptimierung zur nachhaltigen Wertsteigerung, Neuwied, München.

Oerting, M./Kohler, C. (2010): Gestaltung von HR-Strukturen und -Prozessen, in: Werkmann-Karcher, B./Rietiker, J. (Hrsg.): Angewandte Psychologie für das Human Resource Management. Konzepte und Instrumente für ein wirkungsvolles Personalmanagement; Berlin, S. 139–163.

Offshoring Institute (2009): BPO Marktpotential in Deutschland 2010. Marktpotentialanalyse mit einem Top-Down Ansatz. http://www.dressler-partner.com/downloads/news/BPO%20Marktpotential%20Deutschland%202010.pdf. Zuletzt geprüft am 07.03.2012.

outsourcing journal.org (2011): German Market for Onshore Services - SSC & BPO in Medium-Sized Enterprises. http://www.outsourcing-journal.org/markt/markt/542-german-market-for-onshore-services-ssc-a-bpo-in-medium-sized-enterprises-.html?lang=. Zuletzt geprüft am 07.03.2012.

PAC (2006): Business Process Outsourcing (BPO) in Deutschland. https://www.pac-online.com/pictures/Germany/Brochures/EDS_Trendpaper_BPO_dt.pdf. Zuletzt geprüft am 07.03.2012.

Panzer, A. (2012): Die Paragrafen im Visier, in: Personalwirtschaft (Hrsg.): Sonderheft HR-Outsourcing 2010, S. 12–14.

perbit Software GmbH (2011): HR-Self-Services und Prozessautomaisierung. http://www.perbit.com/news/artikel/datum/2011/04/06/perbit-marktstudie-hr-self-services-prozessautomatisierung.htm. Zuletzt geprüft am 07.03.2012.

Personalia GmbH: Beendigung von Arbeitsverhältnissen. http://www.personalia-gmbh.de/administration_/administration/modul_3.htm. Zuletzt geprüft am 07.03.2012.

Personalmanagement. Das Handbuch für effiziente Personalarbeit ; Mustertexte, Formulare und Checklisten, Freiburg, München (2001).

Prahalad, C./Hamel, G. (1999): Nur Kernkompetenzen sichern das Überleben, in: Ulrich, D. (Hrsg.): Strategisches Human Resource Management, München, S. 52–73.

Prehl, Sabine (2006): HR-Outsourcing: Payroll ist erst der Anfang. Hg. v. Computerwoche. Online verfügbar unter http://www.computerwoche.de/management/it-services/582457/. Zuletzt geprüft am 11.03.2012.

Prinz, P. (2009): Dienstleistungen für das Personalmanagement - Systematisierung und Marktüberblick, in: Armutat, S. (Hrsg.): Outsourcing und Steuerung externer Partner - Personalmanagement im Wandel. Herausforderungen, Lösungen, Aufgaben, Bielefeld, S. 33–45.

Rabe Pappenheim, H. von, et al. (2011): Lexikon Arbeitsrecht 2011, Heidelberg, Neckar.

Reichert, T. (2005): Outsourcing interner Dienste. Agenturtheoretische Analyse am Beispiel von Personalleistungen. Ruhr-Univ., Diss.--Bochum, 2004, Wiesbaden.

Schenk, M. (2011): HR-Outsourcing: Die Entwicklung eines Ansatzes. Chancen und Risiken für kleine und mittlere Unternehmen. http://www.datakontext.com/download/Outsourcing_LG_6-2011.pdf. Zuletzt geprüft am 07.03.2012.

Schewe, G./Kett, I. W. (2007): Business Process Outsourcing. Geschäftsprozesse kontextorientiert auslagern, Berlin.

Schmeisser, W./Clermont, A. (1999): Personalmanagement. Praxis der Lohn- und Gehaltsabrechnung ; Personalcontrolling ; Arbeitsrecht, Herne u.a.

Schmeisser, W./Eckstein, P./Dannewitz, C. (2001): Harte Faktoren bestimmen den Wandel in der Personalarbeit, in: Personalwirtschaft Jg. 28, Heft 7, S. 50–57.

Schmitt, K. (2009): Zwischen Wunsch und Wirklichkeit, in: Personalmagazin: S. 58–62. http://www.competence-site.de/downloads/c2/17/i_file_49650/VEDA-TDS-Northgate %20Arinso-SD%20Worx-Outsourcing-Zwischen%20Wunsch%20und%20Wirklichkeit.pdf. Zuletzt geprüft am 07.03.2012.

Schneider, H.-J. (2003): Outsourcing im Personalwesen, in: Personal Jg. 28, Heft 7, S. 50–57.

Scholtissek, S. (2004): New Outsourcing. Die dritte Revolution der Wertschöpfung in der Praxis, Berlin.

Scholz, C. (2000): Personalmanagement. Informationsorientierte und verhaltenstheoretische Grundlagen, München.

Scholz, C./Djarrahzadeh, M. (Hrsg.) (1995): Strategisches Personalmanagement. Konzeptionen und Realisationen, Stuttgart.

Schönenberg, U.: Business Process Outsourcing, S. 125–151.

Schönenberg, U. (2010): Prozessexzellenz im HR-Management. Professionelle Prozesse mit dem HR-Management Maturity Model, Berlin.

Schreiber, U. (2000): Das Wirtschaftslexikon. Aktuelles Wissen für Studium und Beruf, München.

Shen, J. (2005): Human Resource Outsourcing: 1990-2004, in: Journal of Organisational Transformation and Social Challange 2, Heft 3, S. 275–296.

Siemann, C. (2008): Entrümpeln um atmen zu können, in: Personalwirtschaft (Hrsg.): Sonderheft HR-Outsourcing 2008, S. 4–7.

Siemann, C. (2012): Outsourcer als Know-how-Lieferanten, in: Personalwirtschaft (Hrsg.): Sonderheft HR-Outsourcing 2012, S. 6–11.

Söbbing, T. (2005): Service Level Agreements für BPO am Beispiel "HR-Outsourcing", in: Lohn und Gehalt Jg. 16, Heft 5, S. 31–33.

Spies, R. (2004): Die Entwicklung ist noch offen, in: Personalführung Jg. 37, Heft 6, S. 116–118.

Tandler, M. (2012): Wenn einer eine Reise tut, dann kann er dabei sparen, in: Personalwirtschaft (Hrsg.): Sonderheft HR-Outsourcing 2012, S. 26–27.

Tremblay, M./Michel Patry/Paul Lanoie (2006): Human Resources Outsourcing in Canadian Organizations:. An Empirical Analysis of the Role of Organizational Chracteristics, Transaction Costs and Risks. Working Paper, Canada.

Ulrich, D. (Hrsg.) (1999): Strategisches Human Resource Management, München.

Voß, P./Chalupsky, J. (1995): Outsourcing von betrieblicher Weiterbildung und Personalentwicklung in den neuen Bundesländern, in: Arbeitsgemeinschaft QUEM (Hrsg.): QUEM-Report: Schriften zur beruflichen Weiterbildung in den neuen Bundesländern.

Wald, P. M. (Hrsg.) (2005): Neue Herausforderungen im Personalmanagement. Best Practises - Reorganisation - Outsourcing.

Wald, P. M. (2005): Von der Reorganisation zur Zukunft des Personalmanagements. Voraussetzungen, Ergebnisse und Perspektiven, in: Wald, P. M. (Hrsg.): Neue Herausforderungen im Personalmanagement. Best Practises - Reorganisation - Outsourcing, S. 303–337.

Weber, P. (2010): Was war 2010 - was kommt 2011?, in: Personalmagazin Heft 11, S. 52–53.

Weber, W. (1995): Personalcontrolling im strategischen Kontext, in: Scholz, C./Djarrahzadeh, M. (Hrsg.): Strategisches Personalmanagement. Konzeptionen und Realisationen, Stuttgart, S. 93–103.

Weber, W./Mayrhofer, W./Nienhüser, W. (1997): Taschenlexikon Personalwirtschaft, Stuttgart.

Werkmann-Karcher, B./Rietiker, J. (Hrsg.) (2010): Angewandte Psychologie für das Human Resource Management. Konzepte und Instrumente für ein wirkungsvolles Personalmanagement, Berlin.

Wickel-Kirsch, S./Janusch, M./Knorr, E. (2008): Personalwirtschaft. Grundlagen der Personalarbeit in Unternehmen, Wiesbaden.

Wildemann, H./Hausladen, I. (2005): Wertschöpfung mit System, in: Personalwirtschaft Jg. 32, Heft 9, S. 12–16.

Wißkirchen, F. (2003): Management des Personals auslagern, in: Personalmagazin Heft. 7, S. 54–57.

Wißkirchen, F./Kleinertz, M. (2000): Shared Service Center als Alternative zu Outsourcing, in: Köhler-Frost, W./Bahrs, W. (Hrsg.): Outsourcing. Eine strategische Allianz besonderen Typs, Berlin, S. 181–199.

Wißkirchen, F. (1999): Outsourcing-Projekte erfolgreich realisieren. Strategie, Konzept, Partnerauswahl ; mit Vorgehensweisen, Fallbeispielen und Checklisten, Stuttgart.

Wolfsteiner, F./Stockton, M. (2011): Jeder will sein Stück vom Kuchen, in: Personalwirtschaft (Hrsg.): Sonderheft HR-Outsourcing 2011, S. 19–20.

Wullenkord, A./Kiefer, A./Sure, M. (2005): Business Process Outsourcing. Ein Leitfaden zur Kostensenkung und Effizienzsteigerung im Rechnungs- und Personalwesen, München.

Wunderer, R./von Arx, S. (1999): Personalmanagement als Wertschöpfungs-Center. Unternehmerische Organisationskonzepte für interne Dienstleister, Wiesbaden.

Wunderer, R./Dick, P. (2006): Personalmanagement - Quo vadis? Analysen und Prognosen zu Entwicklungstrends bis 2010, München.

Zahn, E./Barth, T./Hertweck, A. (1998): Outsourcing unternehmensnaher Dienstleistungen in der Region Stuttgart, in: Gassert, H. (Hrsg.): Innovative Dienstleistungspartnerschaften. Neue Formen der Zusammenarbeit zwischen Industrie und Dienstleistern, Stuttgart, S. 109–137.

Anlagen

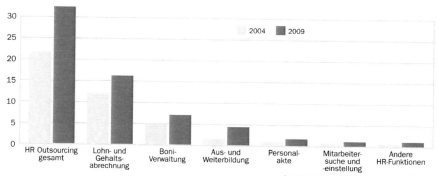

Angaben in Milliarden Dollar; **Quelle:** Gartner-Schätzungen

Anlage A1: Weltweiter HR-BPO-Markt 2004/2009 nach Schätzungen des Marktforschungsinstitutes Gartner[188]

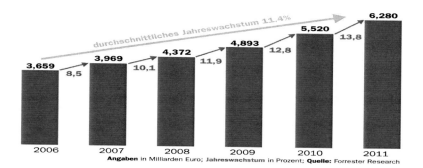

Angaben in Milliarden Euro; **Jahreswachstum** in Prozent; **Quelle:** Forrester Research

Anlage A2: Durchschnittliches Jahreswachstum des HR-BPO-Marktes weltweit[189]

---

188 Vgl. http://www.computerwoche.de/management/it-services/582457/, (Stand 11.03.2012).
189 Vgl. http://www.computerwoche.de/heftarchiv/2006/47/1216940/, (Stand 11.03.2012).

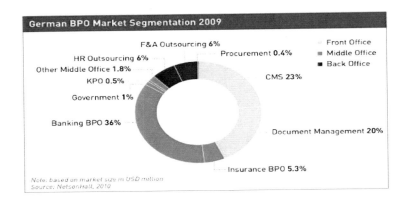

Anlage A3: Deutscher BPO-Markt in Segmenten 2009[190]

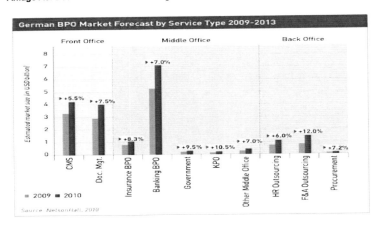

Anlage A4: Wachstumsprognose des deutschen BPO-Marktes 2009-2013[191]

190 Vgl.   http://www.outsourcingportal.eu/articles,onshore-services-in-germany-ssc-bpo,,,52,2.html,   (Stand
      11.03.2012).
191 Vgl.   http://www.outsourcingportal.eu/articles,onshore-services-in-germany-ssc-bpo,,,52,2.html,   (Stand
      11.03.2012).

Anlagenverzeichnis

Anlage A1: Weltweiter HR-BPO-Markt 2004/2009 nach Schätzungen des Marktforschungsinstitutes Gartner

Anlage A2: Durchschnittliches Jahreswachstum des HR-BPO-Marktes weltweit

Anlage A3: Deutscher BPO-Markt in Segmenten 2009

Anlage A4: Wachstumsprognose des deutschen BPO-Marktes 2009-2013